# A FORMAÇÃO POÉTICA DA FANTASIA E TEXTOS SELECIONADOS

Blucher

# A FORMAÇÃO POÉTICA DA FANTASIA E TEXTOS SELECIONADOS

Otto Rank

*Tradução*

Pedro Fernandez de Souza

# Introdução
# A Ciência de Otto Rank

*Janaina Namba*

*A ciência da abelha, da aranha e a minha*
*Muita gente desconhece...*
João do Vale

Não é exagero dizer que, mais de um século depois, a *ciência* de Otto Rank permanece desconhecida de muita gente – embora não dos leitores da série pequena biblioteca invulgar, que ora vem abrigar este volume *A formação poética da fantasia.*

Se no volume *Poesia e mito*, também desta coleção, podemos encontrar o Otto Rank suprimido de uma das principais obras do *corpus* freudiano, *A interpretação dos sonhos*, em que, entre 1914-1922, figurou como autor dos textos "Sonho e poesia" e "Sonho e mito", no presente volume encontramos um autor que se apropria da teoria psicanalítica, voltado para a aplicação de conceitos psicanalíticos à literatura, em particular à poesia e à épica populares. É o que explica Freud, no "Resumo da psicanálise", em 1924:

> *A psicanálise nos diz também que outra parte da produção psíquica, particularmente estimada, serve*

> *à realização de desejos, à satisfação substitutiva dos desejos reprimidos que, desde a infância, habitam insatisfeitos a alma de cada pessoa. Entre essas criações – cujo nexo com um inapreensível inconsciente sempre foi suspeitado – estão os mitos, a literatura e a arte; e, de fato, o trabalho dos psicanalistas lançou bastante luz sobre os campos da mitologia, dos estudos literários e da psicologia do artista. Basta mencionar a obra de Otto Rank como exemplo. (Freud, 1924/2011, p. 248)*

Esse texto surgiu no mesmo ano em que Rank publicou "O trauma do nascimento" (1924), livro que, nas palavras de Caio Padovan (2023), irá "catalisar o divórcio" (p. 29) – quiçá inevitável – entre o mestre e mais um de seus discípulos. O rompimento entre ambos e o afastamento de Rank do "movimento psicanalítico" deixará um gosto amargo de parte a parte. Freud contava, no início, com um ajudante leal e zeloso que chegou a ele com um manuscrito sobre uma leitura psicológica da arte bastante peculiar, e que, não muito tempo depois, viria a se tornar um verdadeiro colaborador teórico e clínico (Taft, 1958, p. 54).

O manuscrito referido por Freud será publicado como *O artista*, em 1907, e passará por diversas modificações, sendo reeditado em 1918 e 1925. Essa última edição contará com o acréscimo de seus estudos literários, e ganhará o título *O artista e outras contribuições da psicanálise para a criatividade literária*. Em 1932, Rank publica ainda o que talvez seja a versão definitiva (ampliada e modificada) do livro, sob o título de *Arte e artista: impulso criativo e desenvolvimento da personalidade*. Embora nessa época Rank já estivesse afastado do núcleo originário do movimento psicanalítico, suas ideias encontrarão ressonância na França e nos Estados Unidos.

No prefácio do livro de 1932, *Arte e artista*, Rank declara que toma o "impulso criativo humano" como motor da expressão, não apenas da obra de arte, mas da religião, da mitologia e das instituições sociais, em suma, como impulso produtivo da cultura em geral: "a obra de arte de um estilo particular de época deve ser vista como uma forma-de-expressão" (Rank, 1932/1989, p. xiii). As formas-de-expressão da cultura humana estariam, portanto, relacionadas às origens do impulso criativo.

Anaïs Nin, na apresentação dessa mesma obra, chama a atenção para a teoria de Rank sobre a "unidade da obra de arte":

> *O artista é o mesmo em seus efeitos e na sua criação, o que implica uma unidade espiritual entre ele e o destinatário da obra. Embora de maneira temporária e simbólica, isso produz satisfação, o que sugere que, mais do que uma simples identificação entre dois indivíduos, o que existiu e se perdeu é a potência de restauração de uma união com um cosmos . . . Já nessa fase inicial de individualização, a criança não só se encontra de fato unida à mãe, mas também ao mundo, formando uma unidade com o Cosmos . . . O desejo individual de restauração dessa unidade perdida é um fator essencial na produção dos valores culturais. (Rank, 1932/1989, p. ix)*

Este livro contém quatro textos de Rank publicados entre 1912 e 1919 na revista *Imago*, fundada por ele e por Hans Sachs. Em ordem cronológica, temos "O sentido da fábula de Griselda" (1912); "A 'peça de teatro' em 'Hamlet': uma contribuição para a análise e compreensão dinâmica da poesia" (1915); "Homero: contribuições psicológicas para a gênese da épica popular" (1917), e "A épica popular – contribuições psicológicas para a sua gênese: II. A formação poética da fantasia" (1919).

Algo importante a se notar no texto "A peça de teatro em 'Hamlet'" é a ênfase dada à "surpresa" do protagonista diante da peça encenada internamente à tragédia de Shakespeare. Ele se identifica com o assassino, ao tentar buscar no tio (Cláudio) alguma expressão que pudesse condená-lo como o verdadeiro assassino de seu pai. A peça passa a ter, ela mesma, um "caráter de compromisso", e mostra, por meio dessa peça interna, disfarçadamente, os desejos sexuais incestuosos e assassínios que movem Hamlet.

O incesto também é o principal tema de "A fábula de Griselda". Rank já havia mostrado como o tema do incesto é concebido de maneira inconsciente. Griselda não sabe que passa por uma provação e deveria ajudar na montagem do casamento de seu ex-marido, o Marquês, mesmo depois de ter tido seus filhos tomados e sido expulsa de casa por ele. A montagem da cena do casamento feita pelo Marquês envolve não apenas a provação cruel de sua esposa Griselda, mas deixa implícito seu desejo incestuoso pela própria filha, ainda bastante jovem. O pai não se casa com a filha. Confessa a encenação, antes mesmo da consumação do ato. Opera nessa confissão o mecanismo de recalque, proveniente do "estrato anímico" que se liga à realidade exterior e, portanto, à consciência. Os desejos incestuosos inconfessados viriam dos estratos mais internos, do inconsciente. Além dos elementos que se pode depreender a respeito da repressão e dos desejos incestuosos presentes na fábula, ela expõe as feições eróticas e fantasiosas das relações parentais, como Freud apresentara nos *Três ensaios sobre a teoria da sexualidade* (1905).

Para Rank, as fábulas e lendas mostram uma multidão de figuras que se enraízam na fantasia e no Inconsciente. Em "O sentido da fábula de Griselda", ele mostra como os poetas, individualmente, "em virtude do acento dos seus próprios complexos inconscientes, chegaram a esclarecer e a sublinhar certos traços incestuosos do material a eles transmitido" (p. X deste volume) pela mitologia.

Esses poetas, além de criadores, seriam também "irradiadores", ou "reprodutores" das épicas populares. Rank aborda a Épica *popular* privilegiando uma leitura "puramente psicológica" ("Homero: contribuições psicológicas para a gênese da épica popular") desse tópico, seja nas produções individuais de um único artista, seja em produções coletivas. Rank realiza um minucioso levantamento da literatura filológica, para mostrar que, enquanto alguns autores supõem que as "Grandes Epopeias", como a grega, a indiana ou a francesa, devem ser atribuídas a um "indivíduo artístico", outros preferem pensar que seriam poemas elaborados coletivamente, compostos por muitos redatores individuais (o que afasta Rank das hipóteses depois formuladas sobre a autoria dos poemas por rapsodos).

Homero é um ótimo exemplo de todas essas suposições, pois ora os estudiosos de sua obra sugerem que tenha existido um único autor para a *Ilíada* e para a *Odisseia*, ora sugerem que esses poemas tenham sido realizados por muitas mãos ao longo do tempo. Sem se deter em se há ou não um consenso sobre a autoria, Rank ressalta a posição de Wundt: se por um lado parte da transmissão não pode ser explicada pelas "insuficiências históricas", tais insuficiências podem ser sanadas pela possibilidade de análise de uma transmissão psicológica. Com isso, coloca em primeiro plano a problemática que mais lhe interessa: "de que modo a fantasia poética foi influenciada pelo legado tradicional de material lendário, subsistente por motivos históricos, e pelos temas [*Motive*] e formas míticas e poéticas herdadas" ("Homero").

No texto que pode ser considerado uma segunda parte da Épica popular, Rank trabalha com a ideia de que as "lembranças encobridoras" calcadas em fantasias formuladas precocemente pelo indivíduo adulto já estariam presentes da mesma maneira no gênero épico. Isso porque a psicanálise pôde mostrar que a "maioria das memórias infantis mais importantes são 'feitas' pelo adolescente nos anos da pré-puberdade e nisso são submetidas a um complicado processo de reelaboração, o qual, segundo Freud, 'é análogo à formação de lendas de um povo a respeito da sua pré-história'" ("A épica popular – Contribuições psicológicas para a sua gênese"). Se o poeta, individualmente, possui uma personalidade que carrega tendências oriundas de uma tradição vigente em seu passado infantil, a épica seria ela mesma a expressão de uma tradição vigente em tempos primevos.

De um modo geral, esses textos recuperam temas tratados desde 1906 e de *O artista*, de 1907. Se eles mostram que Otto Rank era um homem culto e dedicado à elaboração teórica dos textos, como podemos ver no minucioso trabalho de elaboração de uma teoria psicológica em torno da Épica popular e da análise do indivíduo poético em torno de Homero, não parece ser essa a impressão que alguns de seus colegas médicos tiveram quando assistiram à sua primeira conferência pública, quando já era secretário e redator das atas da Sociedade Psicológica das Quartas-Feiras, que se reunia em Viena em torno de Freud (em especial essa reunião contava com a participação de dezessete pessoas, dentre as quais Alfred Adler, Max Kahane, Paul Federn, Wilhelm Steckel e Otto Rank).

A conferência de Rank, "O drama do incesto e suas complicações", foi apresentada em duas partes que ocuparam três sessões, em outubro de 1906, sendo publicada apenas seis anos depois. Apesar de contar com a simpatia e concordância de Freud e Adler, a conferência foi alvo de duras críticas por uma parte do grupo, que viu neste trabalho um "prolongamento supérfluo do fato descoberto por Freud" ou então uma "compilação de casos de incesto na literatura" (Checchia, Torres, & Hoffman, 2017, p. 54). Mas a opção de Rank por apresentar uma amostra significativa de casos de incesto na literatura revela, na verdade, outro estilo de pesquisa e outro modo de comprovação da psicanálise como uma ciência

– e ambos, diga-se de passagem, muito originais. Ou, como ele mesmo diz:

> *há uma concordância de certos fenômenos presentes nos mitos e na arte com aqueles observados nas psiconeuroses. Essa descoberta, contudo, não deve ser exposta desde o início ao leitor; deve-se antes, partir de uma base geralmente aceita – neste caso, da pesquisa das fontes literárias e históricas – para então conduzi-lo à fronteira da psicanálise, sem perder de vista que cada passo nessa direção é por si só arriscado. (Checchia, Torres, & Hoffman, 2017, p. 62)*

Este volume oferece ao leitor a oportunidade de se aprofundar na leitura de Rank e redescobri-lo, por conta própria, como um pensador original e um escritor vigoroso, que exprime suas ideias com clareza e determinação. Essas qualidades são captadas pela tradução de Pedro Fernandez de Souza, que, ao se somar à feita por Natan Schäfer para esta coleção, mostram um Otto Rank profundamente enraizado na psicanálise nascente. Quem sabe se esse interesse renovado pela sua obra não seja um bom momento para reinseri-lo no rol dos autores clássicos da teoria psicanalítica?

## *Referências*

Checchia, M., Torres, R., & Hoffman, W. (Orgs.). (2017). *Os primeiros psicanalistas: Atas da Sociedade Psicanalítica de Viena 1906-1908*. (Vol. 16, M. M. M. Silva Trad.). Hedra.

Freud, S. (1924/2011). *O eu e o id, "autobiografia" e outros textos (1923-1925)*. In *Obras completas* (Vol. 16, P. C. de Souza Trad.). Companhia das Letras.

Padovan, C. (2023). A outra interpretação dos sonhos. In P. S. de Souza Jr. (Org.), *Poesia e mito: os textos que Freud baniu de* A interpretação dos sonhos. (pp. 9-36, N. Shäfer Trad.). Blucher.

Rank, O. (1932/1989). *Art and Artist: Creative Urge and Personality Development*. (C. F. Atikinson Trans.). W&W Norton & Company.

Taft, J. J. (1958). *Otto Rank; a biographical study based on notebooks, letters, collected writings, therapeutic achievements and personal associations*. Julian Press.

# Nota do tradutor

*Pedro Fernandez de Souza*

Nesta obra, compilam-se quatro textos de Otto Rank publicados entre 1912 e 1919 na revista *Imago*, fundada por ele e Hanns Sachs em 1912 e editada por Sigmund Freud. Como diziam Rank e Sachs no texto de abertura da revista, em seu primeiro volume, o periódico tinha por objetivo a publicação de pesquisas de aplicação da psicanálise às chamadas "ciências do espírito" (*Geisteswissenschaften*), hoje mais conhecidas como "ciências humanas".

Os quatro textos aqui compilados não formavam originalmente, portanto, uma unidade. Se os publicamos em conjunto, é porque têm um tema comum: a leitura psicanalítica de textos literários. Com efeito, Otto Rank era um "homem de letras", formado Doutor em Filologia em 1912 com uma tese sobre a "lenda de Lohengrin", a primeira pesquisa acadêmica feita com base metodológica psicanalítica.

Apenas os dois últimos textos constituem a primeira e a segunda parte de um projeto mais extenso de Rank, que visava redigir uma longa obra a respeito da "épica popular". Eles haviam sido escritos em 1916, mas sua publicação foi postergada para 1917 e 1919, respectivamente, por conta da guerra em curso. Somente eles foram efetivamente concluídos e publicados, de modo que não sabemos exatamente a "solução" que Rank pretendia fornecer ao problema da formação da "épica popular", embora ele dê vários indícios dessa solução ao longo dos dois textos finais desta coletânea.

Uma nota ao texto "Homero", o de 1917: nele, Rank elabora uma espécie de "revisão bibliográfica" do problema homérico, apontando os argumentos e contra-argumentos dos autores envolvidos, bem como as suas contradições e aporias consequentes. O texto pode resultar distante do leitor moderno, que verá um desfile de hipóteses – aparentemente – mirabolantes a respeito dos poemas homéricos: rapsodos a cantar juntos as lendas do povo; poetas interpoladores, a copiar e adulterar os textos homéricos originais; o homem Homero se desfazendo em inúmeros poetas compiladores, cujos prenomes se perderam para sempre; e assim por diante. Tanto é que os filólogos citados por Rank tentaram estabelecer o que era "original" nos textos de Homero, retirar suas supostas interpolações posteriores, e inclusive reconstituir a "língua original" dos poemas homéricos (escritos, é fato, numa língua jamais falada em sua inteireza por povo grego algum). Se não soubéssemos que o texto de Rank não é fictício, cogitaríamos tratar-se de um conto borgiano, ou algo do tipo. O fato é que Homero é uma questão até hoje: nos dias atuais, de computadores e bibliotecas virtuais, os homens de letra ainda não deixaram de discutir e rediscutir a cálida "questão homérica".

A solução que Rank fornece ao problema, genérico, da composição literária reside na lei da tripla temporalidade, descrita por Freud, da formação de memórias e da formação de fantasias. Trata-se da estrutura psicológico-temporal da fantasia, usada para fabricar, moldar, forjar, em suma, dar *forma* a uma obra de arte. Não é menos curioso notar, por fim, que essa mesma atividade também está em ação nas fantasias científicas – mas não menos fantasiosas – dos acadêmicos a dissolver Homero, a imaginar miríades de poetas anônimos e interpoladores, a realocar, palavra por palavra, o idioma homérico à sua "língua original". Haveria muito mais fantasia na ciência – ou muito mais ciência na fantasia – do que alguns espíritos supostamente realistas mostram-se dispostos a admitir...

Nesta tradução, procuramos manter o estilo original de Rank, marcado por frases extensas, recheadas de apostos e complementos nominais e adjuntos adnominais, e permeado por palavras de "estilo elevado" e mesmo por raros neologismos. No entanto, se os textos saírem áridos ou insuaves, a culpa é menos de Rank que de seu tradutor, ainda novato neste ingrato ofício.

# O sentido da fábula de Griselda[1] (1912)

*Por que eu te fiz tudo isso? Eu não sei*

Gerhard Hauptmann (Griselda)

As inter-relações entre a psicanálise e a vida do espírito serão demonstradas mais facilmente ali onde as produções artisticamente moldadas da fantasia, do indivíduo ou do povo mostram uma chamativa aproximação com os resultados da psicanálise, que é ela mesma, de fato, somente uma exposição – ainda que científica – de conteúdos e processos anímicos. Em tais casos, não há necessidade de todo o complicado equipamento do novo conhecimento da alma e sua aplicação peculiar a um material altamente díspar, mas se requer somente uma atitude, de maneira alguma especificamente psicanalítica, que não desdenhe dispensar um pouco de atenção e interesse científico às banalidades menosprezadas e de bom gosto negligenciadas das relações amorosas humanas.

Um desses segredos evidentes, porém, necessariamente descobertos, primeiro pela psicanálise, é a observação, acessível a todo

1 Tradução de "Der Sinn der Griselda-Fabel", *Imago*, *1*(1), 34-48.

perspicaz conhecedor do homem, de que as ternas relações entre pais e filhos absolutamente não estão livres de uma tonalidade erótica, que ressoa ora mais nítida, ora mais leve, e se manifesta da forma mais indubitável nos relacionamentos entre pessoas de sexos opostos. Assim, involuntariamente a mãe mostrará pelo menino, o pai pela menina, uma ternura mais intensa e de outra coloração do que a que tem pela criança do mesmo sexo, que por isso frequentemente se sente negligenciada ou mesmo destratada por um dos pais, e torna-se muito compreensível que uma criança direcione sua necessidade de ternura o mais íntima e entusiasticamente ao genitor do sexo oposto, que se tornara querido por ela desde o início por meio de carícias e de trato terno. Que esses fatos banais não possam escapar a um observador isento de preconceitos e conhecedor da alma humana é o que pode mostrar este honesto juízo que Peter Rosegger[2] escreveu no *Heimgärtners Tagebuch* [*Diário de Heimgärtner*]: "Admito mesmo que jaz algo de sexual no amor entre mãe e filho – inconscientemente, claro. Uma mãe ama o seu filho de forma totalmente diferente do que ama sua filha".[3] O fato de que, apesar disso, coube mesmo à pesquisa psicanalítica descobrir a colossal importância desses impulsos mais universalmente humanos, e com isso atrair para si uma péssima reputação aos olhos dos farejadores de imoralidades, se esclarece, por um lado, pelos posteriores destinos psíquicos desses precoces e delicados germes incestuosos e, por outro lado, pela especial benevolência do material submetido à pesquisa psicanalítica. O destino desse vínculo erótico à família, inútil para a vida cultural, é, do ponto de vista da vida da alma, a repressão, do ponto de vista da vida social, a dissolução dos laços familiares libidinosos e sua transferência à própria família a

---

2 Rosegger, P. (1913). *Heimgärtners Tagebuch*. Verlag von L. Staadmann [N. T.].

3 Cf. também a declaração semelhante, comunicada no *Zentralblatt für Psychoanalyse* (ano II, tomo 3, dez. 1917, p. 137), do acadêmico francês E. Faguet sobre esse tema [N. A.].

ser fundada. Devendo o filho ser capaz de amar completamente uma mulher, e a filha, um homem, torna-se condição para isso a possibilidade de transição dos sentimentos ternos, até então direcionados exclusivamente para os pais, para o novo e plenamente válido objeto de amor, e deve-se apreender como uma ressonância dessa atitude se a filha escolhe tão amiúde o homem segundo o modelo do pai venerado e amado, e o filho procura reencontrar na amada a sua mãe. Mesmo onde essa separação da criança da ternura paterna é plenamente bem-sucedida, um resíduo da atitude emocional original entre pais e filhos vem à tona aqui e ali. Explica-se, assim, a tão temida aversão da sogra à sua nora como consequência do ciúme pela mulher a quem ela teve de ceder o filho amado; a proverbial aversão da sogra ao genro pela inveja daquela que, na competição com a filha, foi preterida e não pode perdoar ao genro que ele – exatamente como seu próprio marido – sente mais ternura pela concorrente mais jovem. Explica-se, assim, além disso, a resistência amiúde contumaz do pai contra o casamento de sua filha pelo fato de ele não querer perder a terna afeição dela para nenhum outro homem, e sua resistência contra um matrimônio do filho também pela inveja do amante mais jovem e mais feliz. Devemos, além disso, considerar uma recaída nostálgica na atitude infantil quando o esposo infeliz ou mal-humorado coloca continuamente sua mãe como ideal e modelo em cada circunstância em que ele teria se dado melhor, ou quando a jovem esposa, insatisfeita com o marido, repentinamente quer retornar a seu pai. Todas essas relações multifacetadas e refinadamente ramificadas se desvelam amiúde ao olhar público em romances sociais escandalosos e casos criminais; para o observador isento de preconceitos, porém, também nas circunstâncias convencionalmente inobjetáveis, sua inconsciente motivação erótica ainda espia nitidamente através das justificações racionais com as quais as pessoas costumam recobrir as raízes – desconhecidas a elas mesmas – de seu agir. O que a vida normal da alma revela apenas em fragmentos e alusões, eis o que a psicanálise, empreendida para curar pessoas psiquicamente doentes, pôde para sua própria surpresa constatar e reconhecer em toda abrangência e em sua total importância. Pelo laborioso e demorado caminho empírico da observação se demonstrou que o psiconeurótico, graças à concorrência de diferentes circunstâncias desfavoráveis, fracassa apenas naquelas tarefas que o homem civilizado eficaz foi capaz de superar sem um grande sacrifício, graças à concorrência de diferentes circunstâncias favoráveis. E não nos surpreenderá que entre essas tarefas esteja em primeiro plano a separação do indivíduo de sua família, que nós devemos considerar como condição para a independência social, necessária para a vida civilizada, e para a independência sexual, indispensável para uma vida humana feliz. De fato, as pesquisas de Freud revelaram com surpreendente regularidade que o neurótico fracassa essencialmente na superação do complexo familiar. Nele, a propensão ao incesto, que normalmente é amortecida e conduzia a vias culturais, irrompe poderosamente do inconsciente e inunda toda a sua vida emocional, igual a uma devastadora torrente de lava. A forma grosseira e ofensiva com que a atitude infantil para com os pais e a posterior pintura fantástica dessa relação vem à tona na árdua remoção das camadas congeladas – a psicanálise – assusta e surpreende a testemunha imediata desses processos, isto é, o psicanalista, muito mais do que ao frio observador que toma conhecimento dos restos escassos da escavação, ordenados e avistados por detrás das vidraças das vitrines. Acusou-se muito injustamente o psicanalista, por conseguinte, de não reconhecer suas próprias fantasias deturpadas e de falsificar os resultados muito mais inocentes do que eles concebem: pois o psicanalista foi certamente o primeiro que conseguiu tomar a difícil decisão de reconhecer esses desconcertantes [*befremdend*] impulsos em sua completa extensão na alma humana. Nesse ponto decisivo, ele recebeu uma confirmação inesperada e valiosa para suas experiências feitas com psiconeuróticos. Se se tomasse a coragem de crer nessas coisas, tornar-se-ia subitamente claro que há milênios deve ter havido homens a quem essas relações, embora não claramente conscientes, de maneira alguma permaneceram alheias [*fremd*].[4] Uma série de mitos, contos de fadas, lendas[5] e poemas refletiu a luta do indivíduo contra seus impulsos libidinosos familiais, amiúde com uma nitidez que só é comparável às formações fantasiosas dos neuróticos, nossos próximos. O ímpeto inconfesso do garoto por eliminar o pai perturbador, para poder tomar seu lugar junto à mãe amada, encontrou sua expressão imarcescível na lenda de Édipo, que inadvertidamente mata seu pai e se casa com sua mãe sem o saber. O ciúme infantil da filha, que sente sua mãe como uma concorrente perturbadora na competição pela afeição do pai, é corporificado no destino de Electra, que persegue sua mãe com ódio mortal para vingar o assassinato do pai amado. E quaisquer que sejam os tempos, povos e fontes materiais para os quais se possa voltar o olhar psicanaliticamente afiado do observador, por toda parte ele se depara, num formato mais ou menos nítido, a partir do inconsciente, com o complexo incestuoso, tornado acessível em toda a sua abrangência e em sua completa importância para os eventos normais, supervalorizados e patológicos na vida anímica do indivíduo e dos povos. É apenas uma rude injustiça atribuir a um viés psicanalítico essa concordância dos resultados, que pode parecer monótona do ponto de vista estético, enquanto

4 Aqui, Rank faz um jogo de palavras intraduzível. Se certas relações permanecem "alheias" ou "estranhas" (*fremd*) à consciência, ao retornarem, parecer-lhe-ão "estranhas", "desconcertantes", "surpreendentes" (*befremded*) [N. T.].

5 Nesta tradução, optamos por verter a palavra alemã *Sage* (literalmente "saga") pela palavra *lenda*. Rank, assim como Freud, a utiliza para se referir a quaisquer histórias míticas, como no termo composto *Ödipus-Sage*; em português, "saga de Édipo" seria uma má tradução, embora literal, pelo fato de a palavra "saga" ter entre nós um sentido bem mais restrito do que a palavra alemã [N. T.].

ela é fundamentada no próprio material. E assim, como evidência de que trabalhamos e vimos corretamente, e de que também corretamente avaliamos a importância do que foi obtido, não podemos receber nada mais alegremente do que a frequente coincidência entre os resultados psicanalíticos e as produções emergentes em outras áreas da criação espiritual.

Se para o psicanalista, no entanto, enquanto ele ainda não se sentia inteiramente seguro na apreensão dos desconcertantes [*befremdend*] impulsos psíquicos, a concordância no resultado se mostrava como o fato valioso, e tanto mais valioso quanto mais monótono, isto é, mais concordante, doravante se lhe tornaram interessantes, a partir do fundamento seguro do novo conhecimento da alma, os diferentes caminhos e meios que possibilitam remeter aos poucos complexos humanos imortais da vida anímica primitiva formações tão variadas e bem avaliadas, como a religião, a arte, a filosofia. Ora, esse questionável "como", que emergiu no lugar do translúcido "quê", é concomitantemente pouco rastreável em conformidade às formas culturais altamente complexas em todas as suas refinadas ramificações. As sutis produções artísticas do indivíduo e de povos inteiros requerem um trabalho psicanalítico multiplamente difícil, executável apenas através de abrangentes investigações paralelas, para que se desvele, na cooperação de diferentes fatores causais, o fator decisivo, amiúde escondido sob múltiplas camadas repressivas. Por outro lado, outras criações da fantasia, como por exemplo a lenda de Édipo, manifestam seu sentido secreto e sua tendência mais profunda se simplesmente não se negligencia a atitude enfatizada logo de entrada, que não requer sequer uma busca por fatores escondidos, mas se permite fecundamente revelar, antes, já sob a condição puramente negativa da isenção de preconceitos. Em tais condições, pode então surgir o caso ideal em que conteúdo e tema [*Motiv*] da formação da lenda aparecem como confirmações diretas dos resultados analíticos, e assim a psicanálise se legitima em certa medida como o princípio científico da interpretação da lenda. Um caso assim, em que a psicanálise e uma interpretação da lenda compreensível, que regressa a fontes puramente humanas, vão a cada passo uma ao encontro da outra para finalmente se darem as mãos, em que, portanto, a abordagem psicanalítica pode resolver sem esforços um problema reconhecido pela pesquisa das lendas, mas que até então não fora esclarecido, está disponível na popular e difundida fábula de Griselda.

Desde que o material foi introduzido na literatura no século XIV, por Boccaccio (*Decamerone* X, 10), provavelmente advindo da tradição oral, e foi difundido através da adaptação[6] latina do seu contemporâneo Petrarca por todos os países europeus na forma de inúmeros livretos populares, romanças e adaptações dramáticas,[7] adere a ele um enigma tanto mais paradoxal considerando-se

---

6 É importante notar que "adaptação", aqui, traduz a palavra alemã *Bearbeitung*, que também pode significar "elaboração". O "adaptador", mais adiante, é o *Bearbeiter*, o "elaborador". Aquilo que chamamos de "elaboração secundária", na descrição de Freud do trabalho onírico, é em alemão a *sekundäre Bearbeitung*, que poderíamos ver também como uma "adaptação dramática" ou "dramatúrgica" que o próprio aparelho psíquico perfaz com o conteúdo manifesto do sonho [N. T.].

7 Literatura: Markus Landau: *Die Quellen des Decamerone* [*As fontes do Decameron*] (segunda edição, Stuttgart, 1884). R. Köhler: *Kleinere Schriften* [*Escritos menores*], vol. 2 (Berlim, 1900), pp. 501-505. Fr. von Westenholz: *Die Griseldis--Sage in der Literaturgeschichte* [*A lenda de Griselda na história da literatura*] (Heidelberg, 1888). F. X. Wannenmaeher: *Die Griseldis-Sage auf der iberischen Halbinsel* [*A lenda de Griselda na Península Ibérica*] (Dissertação Straßburg, 1894). G. Widmann: *Griseldis in der deutschen Literatur des 19. Jahrhunderts* [*Griselda na literatura alemã do séc. XIX*] (1ª parte, Dissertação Tübingen, 1904, partes II e III de *Euphorion*, 1906 e 1907). R. Schuster: *Griseldis in der französischen Literatur* [*Griselda na literatura francesa*] (Dissertação Tübingen, 1909). H. B. Wheatley: *The History of patient Grisel* [*A história da paciente Griselda*] (1619), reeditado nas *Publications of Villen Society*, 1885, com uma introdução bibliográfica e histórico-literária. Encontra-se mais literatura sobre esse tema nos escritos mencionados [N. A.].

essa popularidade tão sólida, para cuja solução os numerosos e em parte destacados adaptadores poéticos (Chaucer, Dekker, Perrault, Goldoni, Lope de Veja, Hans Sachs, Bürger, Arnim, Halm, Hauptmann, dentre vários outros) se esforçaram muito mais zelosamente do que os juízes críticos, ainda que com a mesma ausência de êxito. Mas não apenas o sentimento estético, literariamente treinado, como também o tato moral e psicológico dos ouvintes e espectadores ingênuos e inofensivos – apesar do amplo gosto que têm pelo conteúdo da fábula – levantou, com bastante frequência em consonância com o poeta, objeções contra sua motivação, o que se reflete nas tentativas sempre cambiantes, de acordo com os países, tempos e autores, de lhe conferir motivação. A conduta do marquês Gualtieri de Saluzzo, que, impelido pelos seus vassalos a casar-se, após longa relutância, subitamente se decide a esposar uma pobre camponesa, Griselda, da qual, porém, arranca sem nenhum fundamento os filhos nascidos durante o matrimônio, a expulsa para finalmente lhe revelar, no seu segundo casamento, ao qual a mulher profundamente humilhada e ofendida tem de assistir, que tudo isso não era real, mas feito apenas para testar sua obediência devota: nenhum pensador justo e razoável pode concordar ou compreender essa conduta. Tampouco se pode compreender o comportamento de correspondente fraca motivação da mulher cuja dignidade foi tão profundamente ferida, que aceita uma brincadeira tão absurda e – como mostram as diferentes tentativas de justificação do marido – também frívola com seus sentimentos femininos, maternos e humanos, e isso com uma devoção sem resistência que se poderia talvez apreender como uma idealização da servidão medieval da mulher, mas que deve ter aparecido para todo sentimento mais elevado como o exato oposto de uma imagem feminina ideal. Ou se trata aqui de um dos materiais mais crus e, como Widmann (*Diss.*, p. 44) acertadamente aponta, pela necessária insuficiência das diversas tentativas de lhe dar motivação, mais repulsivos para trabalhar acima de tudo por sua total rudeza, ou se trata de um daqueles enigmas mencionados acima, que na verdade não são enigmas porque sua solução é óbvia, e que só puderam ser negligenciados durante séculos por conta de algum tipo de cegueira psíquica. Por mais que os poetas adaptadores individuais tenham se esforçado por trazer a incompreensível conduta do marquês para mais perto da humanidade, ainda assim – como Minor enfatiza em sua crítica à *Griselda* de Hauptmann (*Österr. Rundschau* [*Panorama Austríaco*], março de 1909) – nenhum deles conseguiu compatibilizar o material com nossa consciência moderna. De fato, precisamente o único poeta que tentou uma motivação psicológica a partir de motivos puramente internos faz que seu herói mesmo, nas palavras que precedem as nossas, confesse que os verdadeiros motivos dos seus atos lhe são desconhecidos, e, de maneira similar, o primeiro narrador do material, na autoconsciência de sua caracterização contraditória e da fraca justificativa do herói, se vê forçado a posicionar-se expressamente contra ele, ao fazer com que o narrador simulado da história chame a conduta do marquês de *una matta bestialità*.[8] Todos os intérpretes do material, contanto que com razão não queiram aceitar o mero egoísmo, o orgulho e a presunção do marquês como a mola propulsora dos seus atos, procuram desculpar sua conduta absurda ao menos por meio de motivações externas (apostas, intrigas dos súditos ou dos parentes etc.), cuja implausibilidade, porém, é reconhecida não apenas por todos os pesquisadores, mas é também evidentemente percebida por cada novo adaptador a buscar por novas motivações, assim como pelo público. De todas as afirmações críticas concernentes a isso, mencione-se aqui uma como exemplo para as ilusórias e instáveis fundamentações do narrador, porque ela é a única na qual se

8 Em italiano no original: "uma louca bestialidade" [N. T.].

encontra uma leve noção da possibilidade de uma fundamentação mais profunda. Widmann explica em sua dissertação:

> *O ponto mais fraco de toda a ação é o descontentamento apenas aparente dos súditos, que o marquês alega perante Griselda como razão coercitiva para seu comportamento. É mesmo bastante improvável que eles não reconheçam essas razões aparentes enquanto tais se, como por exemplo em Cochem, especialmente, sua atividade de regente e suas outras virtudes os tornam universalmente benquistos entre os súditos, e essas pessoas reclamam do comportamento do marquês.*[9] *Há aqui, desde o princípio, uma falha na composição da narrativa que dá uma pista para sua origem, e pode, porventura, apontar para o enxerto inorgânico do motivo aí ensaiado. (p. 44)*

Ora, por meio de uma abordagem compreensível de um traço até então obstinadamente negligenciado da narrativa, pode-se mostrar que essa falha de maneira alguma é aderente à composição inteiramente unitária, mas sim que ela nasceu de uma concepção e motivação equívoca que se arrastou por séculos, pela qual o primeiro narrador do material deve ter sido tão culpado por razões psicológicas quanto o adaptador moderno e o crítico, que aparentemente está acima do material, e que só pode ser descoberta com base em nossos vislumbres psicanalíticos, embora tenha desde sempre jazido disponível para todos.

Para isso, precisamos apenas acrescentar alguns traços que se repetem tipicamente em quase todas as adaptações, que com razão

9 Em um livreto popular eles o repreendem abertamente por ser furioso, sanguinário e assassino [N. A.].

não mencionamos em nossa sinopse sumária, pois eles também geralmente não foram contabilizados como parte do conteúdo essencial. Na maioria das versões, Griselda primeiro dá à luz, para grande alegria do pai, uma *menina*, cuja eliminação o marquês exige com a justificativa da desigualdade, que parece mais apropriada no caso do filho e herdeiro, que é o segundo a nascer; de fato essa justificativa, mais plausível para o menino, contribuiu para que em algumas versões ele fosse introduzido como o primogênito, mas faremos bem, considerando a compreensão posterior, em reter que nas primeiras adaptações e na vasta maioria de seus derivados o nascimento da *filha* leva o marquês a *novos pensamentos* (*nuovo pensier*)[10] a respeito da provação.[11] Ele exige a criança à esposa por meio de um confidente, com a alusão, amiúde também o anúncio de seu assassinato, e a envia, contudo, a um parente, geralmente à sua irmã, para que ela seja criada em segredo. Com o menino, que nasce alguns anos depois (em Boccaccio, seis), repete-se a mesma coisa. Mais uma vez após alguns anos, o marquês fica então subitamente farto da sua esposa e a enxota para se casar com uma mais nova. Esse ponto temporal, contudo, é minuciosamente definido na narrativa, como o início das "provações" através do nascimento da filha. "*Quando sua filha tinha 16 anos de idade* (em Boccaccio 13; a idade varia dentro desses limites), ele envia cartas fictícias de Roma e as afixa publicamente; depois disso o papa lhe permite que se separe de sua esposa desigual e que despose uma mulher como ele" (Simrock: *Die deutsche Volksbücher* [*Os livretos populares alemães*], v. 6, Frankfurt, 1847). Assim como, portanto, nas versões costumeiras o nascimento da filha o torna um marido cruel, também via de regra o amadurecimento sexual da filha (cujo início varia

10 Em italiano, no original: "novo pensamento" [N. T.].

11 "Provação", aqui e em seguida, traduz a palavra *Prüfung*. Com ela, Rank se refere ao conjunto de "testes" e "provas" que o marquês impõe à sua esposa [N. T.].

de acordo com a região) o torna um pretendente amoroso. Que a narrativa não faz com que esses eventos coincidam por mero acaso, mas quer, antes, apontar precisamente para sua relação interna, é o que se apreende do transcurso da história. Tudo está sendo preparado para as núpcias do marquês com a nova bela noiva – como em seu primeiro casamento – até então desconhecida, e a própria Griselda tem de colaborar como criada nessa preparação. Apenas no momento decisivo o marquês revela a todos os envolvidos *que a suposta jovem noiva não é ninguém menos que sua própria filha*, que agora, junto ao seu irmão, ele leva de volta à esposa amada, que se saiu vitoriosa de tão difíceis provas.

Não se pode pedir à história, que pelo menos respeita os nossos sentimentos morais mais primitivos, que ela expresse o desejo demasiado humano do pai de trocar sua mulher antiga, que se lhe tornou sem graça, pela sua bela filha na flor da idade,[12] de modo mais nítido do que ocorre no casamento fingido da lenda de Griselda. Estando nós, ademais, preparados pela psicanálise para o fato de que a inibição de tais impulsos de desejo, necessária para a vida real na civilização, leva amiúde à produção de formações substitutivas da fantasia (sintoma, sonho, obra de arte, mito, religião) nas quais o desejo, proibido pelo ambiente e que se tornou chocante para a própria consciência, procura conseguir satisfação num disfarce mais ou menos deformado, nós podemos então, na descoberta dessa motivação [*Motivierung*] necessariamente escondida e tão abertamente disponível, avistar não apenas o sentido há muito procurado da lenda, mas também ao mesmo tempo a tendência da

12 Com relação à nova e desconhecida noiva, lê-se em Boccaccio: "Todos pensavam que o marquês tinha feito uma boa troca". E em Simrock: "Todos elogiaram o marquês por ele não ter agido mal ao repudiar sua ex-esposa e por ter conseguido uma outra que, senão mais sensata e mais virtuosa – de que eles ainda duvidavam um pouco –, era de verdade *muito mais jovem* e mais bela, mais próxima a ele em posição e honra" [N. A.].

sua formação, isto é, a força motriz psíquica determinante para sua configuração. Nós temos não apenas de concordar com todos os juízes do material que as motivações para a conduta do marquês introduzidas pelos adaptadores da lenda são altamente frágeis e infundadas, mas também reconhecer, com base em nossos vislumbres sobre a formação da lenda, que as justificações tinham mesmo de resultar insuficientes porque os próprios motivos da lenda, destinados a servir-lhe de suporte, representam apenas revestimentos equívocos [*mißverständliche*] do conteúdo tornado incompreensível [*unverständlich*]. Uma vez borrado o sentido original da lenda, a necessidade de motivação naturalmente procurou fixar-se num outro elemento, de serventia meramente secundária à tendência verdadeira, e quanto mais ferrenhamente se aferrou a esses falsos locais no decorrer da tradição, tanto mais inadequados pareceram as justificações aí apostas. O fato de que poderosos componentes da vida psíquica certamente também participaram disso se mostra nitidamente no arranjo extremo, resultante desse deslocamento, da procura masculina pela crueldade e da tendência feminina à subserviência que sabidamente são muito estimados como caracteres sexuais específicos em suas extensões normais, o poder de conquista do homem e a capacidade de entrega da mulher, e que estamos acostumados a denominar, em suas exagerações patológicas, de sadismo e masoquismo. No entanto, nós devemos considerar o arranjo grosseiro e a interpretação a ele ligada da lenda de Griselda, nesse sentido, como uma formação secundária, ainda que um germe dele certamente tenha ajudado originalmente o desejo lascivo do pai pela sua filha a fazer-se valer.[13] Por isso, não podia

---

13 Aqui talvez possamos justificar por que nós procuramos as motivações psicológicas somente da conduta do marquês e não também as de sua esposa. Como na vida amorosa o homem é a parte agressiva, a criação de mitos e a formação de lendas também advêm de sua vida anímica insatisfeita, e não nos pode surpreender se as fantasias femininas que ele mesmo criou para satisfazer

haver nenhuma adaptação e nenhum revestimento exitoso do material que acreditasse piamente nessa "história louvável da humilde e obediente senhora Griselda" e que não soubesse subordinar as provações, em si mesmas inteiramente absurdas, à verdadeira tendência da lenda.

Ao se nos revelar assim a lenda com uma rara abertura, que é superada apenas pela consequente negligência dela na esquisitice em que jaz o acesso para o seu sentido mais secreto, agora precisamos por um momento da chave psicanalítica para abrir a porta de entrada que leva ao mais íntimo da formação de lendas. De fato, nós não devemos negligenciar que o inteiro e complicado maquinário da remoção dos filhos, do intervalo de tempo, da expulsão e do segundo casamento é mobilizado inteiramente em vão, caso o pai saiba disso tudo desde o início e o contemple apenas como um jogo; estamos diante da tarefa, portanto, de encontrar a motivação, para ele – e com isso também para nós –, para sua própria conduta incompreendida. Mas agora não é mais difícil reconhecer, com base em nossa concepção, que também essa ilogicidade foi trazida de modo apenas secundário ao se sublinhar o viés da provação; pois se a provação da esposa pudesse mesmo motivar a conduta do marquês, a primeira condição seria que o marquês

---

ou justificar seus anseios servem aos seus desejos com a menor resistência possível. Por analogia com a lenda de Édipo, formada a partir da posição do filho, seria de esperar que aqui a inclinação erótica da *filha* pelo seu pai fornecesse a força motriz para a formação da lenda; demonstra-se, contudo, que a sensibilidade feminina também aqui desempenha apenas um papel puramente passivo e que a narrativa é elaborada a partir da posição do homem (do pai). – Vale destacar aqui, ainda, que todo o esquema da nossa lenda, com todos os seus detalhes, parece ter sido aproveitado em uma série de tradições a partir da posição do *filho*, que deseja desposar sua mãe, tal como nosso marquês quer desposar sua filha. Cf., a esse respeito, com meu ensaio sobre a lenda de Lohengrin: *Die Lohengrinsage. Ein Beitrag zur ihrer Motivgestaltung und Deutung* [*A lenda de Lohengrin. Uma contribuição à interpretação e configuração de seu tema*] (Deuticke, 1911) [N. A.].

– na verdade apenas ele, sozinho – estivesse informado de todos os eventos, ao passo que, de acordo com o sentido original e lógico da lenda, precisamente o desconhecimento da identidade entre noiva e filha – que devia se lhe tornar conhecida apenas no momento decisivo – poderia tornar possível seu segundo casamento, marcado pelo incesto. Entretanto, como no arranjo do tema [*Motiv*] da crueldade, nós temos que ver também nessa deformação secundária não somente a obra de uma incompreensão cega, mas também a ação da tendência à repressão, que considera o incesto com a filha demasiado chocante mesmo na satisfação fantasiosa e por isso o impede no último momento. Que possamos de fato supor uma tal fase preliminar psíquica para nossa lenda, na qual o casamento com a filha deve ocorrer de forma inconsciente, é o que mostra sua comparação com um grande grupo de tradições aparentadas, das quais se conclui indubitavelmente que o incesto com a filha, impedido na lenda de Griselda, a despeito do conhecimento do pai, apenas no último momento e mal escondido por meio do novo casamento com a primeira mulher, não apenas é executado em outras ocasiões, mas também é amenizado em sua indecência geralmente por meio da execução inconsciente, onde é útil todo aquele maquinário do abandono[14] mobilizado aparentemente sem finalidade na lenda de Griselda, isto é, a criação secreta por pessoas estranhas, o intervalo de tempo, que escarnece de toda lógica, até o amadurecimento da filha, e o segundo matrimônio, temas [*Motive*][15] estes que já nos são familiares a partir de uma

---

14 No conto de fadas alemão (Köhler, p. 538) o marquês diz jogar o recém-nascido no *Ziggel* (como um poço de extração). Sobre o que é típico nesse tema, cf. meu ensaio: *Der Mythus von der Geburt des Helden* [*O mito do nascimento do herói*] (Deuticke, 1909) [N. A.].

15 Convém destacar que em alemão a palavra *Motiv* pode significar tanto "motivo, razão, motivação" quanto "tema". Também em português *motivo* pode significar o "tema" (de uma ópera, de um filme), mas esse sentido é muito inusual em nossa língua, sendo muito mais comum em alemão. Rank está, portanto,

série de tradições paralelas como recursos similares para possibilitar o incesto, e secundariamente para impedi-lo. Visto que aqui pode ser indicada apenas a ampla fundação dessa concepção da lenda de Griselda, a partir das pesquisas comparativas dos materiais contidas em Riklin,[16] e em um trabalho meu,[17] não se pode deixar de destacar adaptações singulares do próprio material da história de Griselda, nas quais os temas [*Motive*] originais ainda aparecem acentuados no sentido da nossa concepção. Na adaptação dramática de uma Madame de Saintonge (1650-1718), *Griselde ou la Princesse de Saluces*, discutida em detalhes por Schuster (pp. 52-60), a fábula é despida do tema [*Motiv*] dúbio da provação e tudo é consequência da lascívia do príncipe pela posse de uma moça jovem, que ele descobre apenas no fim ser a sua filha. Vemos aqui diretamente como o ato lógico de fazer recuar o tema [*Motiv*] secundário da provação impele, por outro lado, o incesto inconsciente para o primeiro plano. Podendo-se talvez culpar o refinamento da comédia francesa de intrigas, a ingenuidade de um conto de fadas popular da Islândia, comunicado por Köhler (p. 546 ss.), acentua o tema [*Motiv*] sexual na descrição detalhada da cena da noite nupcial entre pai e filha, que é esclarecida como um jogo enganador quase no limite do representável [*Darstellbar*].

> *À noite, quando vão dormir, o rei quer também deitar-se com sua nova rainha (sua filha); ele ordena a*

---

buscando não só a *motivação* psicológica dos personagens da lenda, mas também os *temas* que se repetem em diferentes histórias e narrativas tradicionais, sedimentadas na história da cultura – e ambas as buscas de Rank se grafam com a palavra *Motiv* [N. T.].

16 *Wunscherfüllung und Symbolik im Märchen* [*Realização de desejo e simbolismo nos contos de fadas*]. Deuticke, 1908, p. 76 ss. [N. A.].

17 Rank, O. (1911). *Die Lohengrinsage. Ein Beitrag zur ihrer Motivgestaltung und Deutung* [*A lenda de Lohengrin. Uma contribuição à interpretação e configuração de seu tema*]. pp. 114-117 [N. A.].

> *Grishildur que pegue uma pequena vela, a acenda, a segure entre os dedos e os acompanhe a ambos ao irem para a cama. Grishildur o faz e os ilumina enquanto eles se deitam.* A nova rainha subiu primeiro para a cama, e o rei fez o mesmo. *Ali a vela segurada por Grishildur havia queimado tanto que estava queimando seus dedos nus. O rei perguntou se ela não estava se queimando. Grishildur respondeu: "Os dedos doem ao queimar, mas o coração enlutado dói ainda mais", e derramou lágrimas. Então o rei não aguentou mais...*

Que muitos adaptadores tenham sentido a aptidão do material para a implementação de impulsos incestuosos, ainda que não no sentido original da lenda, e os tenham involuntariamente exposto, é o que se mostra em duas outras adaptações. No grande número de modificações e de diversas tentativas de conferir motivação, há um dos narradores, Nikolay, que tratou o material numa balada e chegou à ideia de eliminar completamente o longo intervalo de tempo até o amadurecimento da filha e com isso também o casamento com ela. Aqui, o marquês expulsa sua esposa já no segundo ano de casados e desposa imediatamente, pelas aparências, uma nova noiva.[18] Esta, entretanto, novamente não é uma pessoa estranha e aleatória, pessoas estas de que certamente o marquês teria o bastante à sua disposição para o seu jogo, mas sim caracteristicamente – *a sua irmã*, que geralmente cria os filhos dele secretamente e da qual se diz, no livreto popular de Cochem, que ela os manteve como seus próprios filhos, o que se extrai como o germe para esse incesto fraterno em forma de balada.

18 Onde a expulsão ocorre igualmente logo após o nascimento do filho, mas a esposa passa o longo intervalo temporal até o amadurecimento da filha na casa de seus pais (como no conto de fadas islandês), toda a ilogicidade dessa motivação secundária vem à tona da maneira a mais grosseira [N. A.].

O lado negativo do complexo relativo ao incesto,[19] por outro lado, emerge diante de nós na dramatização de Gerhard Hauptmann, que devemos avaliar como a primeira tentativa de uma motivação puramente interna. Ele deslocou o tema principal [*Hauptmotiv*] da lenda pelas vias do complexo relativo ao incesto de tal forma que o marquês, quando do nascimento da criança, não transfere sua terna afeição para ela, mas sim, ao contrário, fixa-a ainda mais intensivamente em sua esposa, como que pela segurança de seus sentimentos conjugais, e a criança tem até mesmo inveja de seu amor. Aqui se tem então sua completa justificação psicológica caso essa criança seja um menino, que se confronta desde o início com o pai como concorrente pela terna afeição da mãe. Assim, portanto, também o poeta moderno,[20] para a motivação psicológica da fábula de Griselda, se volta para as relações, cuidadosamente escondidas nas profundidades, do complexo relativo à família, ao qual ele alhures confere um tão grande e universalmente válido significado, como a psicanálise com base em sua própria experiência.

> *Estou convencido de que as discórdias profundas entre parentes próximos devem ser contadas entre os fenômenos mais pavorosos da psique humana. Em tais lutas pode acontecer que o ardente bem-querer e o ardente ódio corram paralelamente – que amor e ódio existam*

---

19 Aqui, Rank emprega o termo *Inzestkomplex*, que seria traduzido mais usualmente por "complexo do incesto". No entanto, trata-se, tal como no caso do *Familienkomplex*, de um conjunto (um complexo) de representações (geralmente inconscientes) temática e cronologicamente ligadas entre si por um alto investimento libidinal; trata-se, pois, das representações *que concernem ao incesto* ou *à família*, que são *relativas a esses temas*. Traduzindo-se o termo destarte, estamos seguindo as indicações tradutórias de Paulo César de Souza, fornecidas por ele em sua tradução de Freud [N. T.].

20 Hauptmann, G. (1908). *Griechischer Frühling* [*Primavera grega*]. Fischer Verlag [N. T.].

> *em cada um dos contendores ao mesmo tempo e com a mesma força: isso causa os tormentos escolhidos e a infinidade de tais antagonismos.* (Griechischer Frühling *[Primavera grega], p. 209)*

Enquanto nos redirecionamos dessas trilhas laterais do complexo relativo ao incesto de volta ao nosso caminho principal, nós gostaríamos por fim de destacar ainda dois traços especialmente característicos na configuração da lenda de Griselda, que apontam significativamente para suas raízes na afeição erótica do pai para com sua filha. Um tema [*Motiv*] singular se encontra na inteira tradição apenas uma única vez, na narrativa em versos francesa de Perrault (1691) – da qual derivaram duas adaptações dramáticas independentes –, e ele é característico o suficiente para a configuração poética inconsciente do tema [*Motiv*], no sentido masculino por nós acentuado, para que seja mencionado. A filha do marquês, que cresceu no convento, apaixona-se aqui por um jovem fidalgo, e o narrador francês parece ter involuntariamente insinuado, na coincidência temporal desse evento com a expulsão da esposa, que o marquês não podia tolerar ceder sua filha amada a um outro homem. É consistente com isso também a observação chamativa de que o pai, malgrado sua alegria com o genro desejado,

> *foi tomado por um estranho desejo de fazer com que os amantes comprassem a felicidade da sua vida através de torturas cruéis... Ao mesmo tempo, posso aproveitar esta oportunidade para testar novamente a paciência de minha esposa, não tanto para, como antes, me livrar de minha desconfiança insensata – pois não posso mais duvidar do seu amor –, mas sim para revelar aos olhos de todos sua gentileza, sua mansidão e a grandeza do seu juízo... (Westenholz, p. 72)*

Essa observação do poeta sobre o desejo, a irromper sem motivo no pai, de perturbar a felicidade amorosa da filha com um outro homem e de se casar com ela, soa tanto mais estranha, como observa perspicazmente Westenholz (p. 79), visto que o poeta antes se dera o maior trabalho de justificar desde o início as provações tão mal motivadas da esposa pela desconfiança preexistente do marquês perante o sexo feminino. Se agora a sua arte da motivação de súbito volta a fracassar, precisamente no ponto decisivo do incompreendido incesto com a filha, então devemos também aqui enxergar uma evidência para o deslocamento, já afirmado por nós, que exerce a necessidade de motivação do verdadeiro tema [*Thema*] para elementos mais irrelevantes.

Uma última evidência da parcela profunda que o complexo paterno relativo ao incesto tem na formação da lenda de Griselda aparece quando ela é abordada no que tange a esse complexo com o olhar aguçado do psicanalista. À primeira vista, talvez possa parecer mais espirituoso que acertado se chamarmos a atenção para o fato de a relação erótica do marquês com sua filha ser prefigurada, em muitas versões da narrativa, já na relação do pai de Griselda com sua filha. Assim como o marquês em Perrault não cede sua filha ao fidalgo, também o velho pai – de forma característica precisamente nos ingênuos contos de fada populares –, em oposição à versão costumeira, em que ele aufere glória para si a partir de seu genro elevado, se opõe decididamente a dar sua filha ao marquês, não simplesmente por antever o infortúnio, mas sim porque não pode prescindir da filha amada – exatamente como, depois, o marquês não pode prescindir da sua. Assim se diz no conto de fadas dinamarquês difundido por Köhler: "O rei tinha um porteiro, e este tinha uma filha única. Sua mãe havia morrido e ela vivia com seu pai, mantinha sua casa e era seu amparo e sua alegria". Quando então o rei quer fazer dessa filha a sua mulher, "o porteiro ficou muito relutante; ele disse que aquilo era das piores coisas que o rei poderia demandar, pois ele não seria feliz e ela também não, e *ele rogou muito ao rei que deixasse isso de lado*, mas o rei não o quis". Esse conto de fadas procede de modo ainda mais chamativo na expulsão de Griselda: "*Ela estava muito contente de voltar para a casa do seu velho pai*. Ela retornava agora ao seu pai, e *ele estava muito feliz de tê-la novamente consigo*" (p. 540). De forma similar, no conto de fadas islandês (Köhler, p. 547), o pai, em característica oposição à mãe, também recebe mal a corte do rei, e na balada de Nikolay ele explica que a filha sabia cuidar dele melhor do que sua finada mulher; assim também o marquês prefere depois, pelos motivos eróticos já discutidos, sua filha à sua própria esposa. E, para finalizar, no poema dramático *Griseldis*, de Friedrich Halm (Viena, 1837), que elimina totalmente o casamento fingido com a filha, o pai amaldiçoa Griseldis porque ela ama mais seu marido do que a ele, e apenas a aceita amorosamente de volta quando ela abandonou de livre vontade o seu marido.

Estando nós preparados, por meio de tais investigações e resultados, para o fato de que um complexo anímico tão poderoso, enraizado profundamente no inconsciente, se esforça repetidas vezes por ganhar vida em formações inesgotáveis da fantasia, então não nos surpreenderá que ele, numa única e mesma criação da fantasia surgida de si, se cunhe em duas formas diferentes que numa inspeção mais afiada, contudo, confluem numa repetição da mesma situação. O esclarecimento mais profundo para a duplicação e a multiplicação de figuras e situações, típicas para a formação de mitos e significativas para sua compreensão, nos envolveria em difíceis e ramificadas discussões psicológicas sobre a essência da atividade da fantasia formadora de mitos, que já foram encetadas por diferentes lados, mas que de maneira alguma chegaram a uma conclusão que seja definitiva em todos os aspectos. Nesse caso, o problema se torna ainda mais complicado pelo fato de essa duplicação da relação paterna ser encontrada com menos nitidez nas tradições literariamente mais antigas, de cujo cunho novelístico estava mais próxima a alegria do velho homem com a súbita felicidade de sua filha do que seu esforço contra o casamento, do que nas narrativas ingênuas dos contos de fadas, que variam mais livremente com o material adotado e com o correspondente sentimento popular. Isso corresponde perfeitamente, entretanto, com nossos pontos de vista sobre a atividade da fantasia produtora de mitos do povo, e nos dá assim ensejo para finalizar com uma indicação sobre a essência dessa alma popular poetizante. Nós descobrimos ser especialmente instrutivo acompanhar como poetas individuais, em virtude do acento dos seus próprios complexos inconscientes, chegaram a esclarecer e a sublinhar certos traços incestuosos do material a eles transmitido. Em tais indivíduos singulares, poeticamente dotados, nós devemos pensar também enquanto criadores, reprodutores e enfeitadores das assim chamadas produções populares. Aqui a narrativa apenas passa por uma série de psiques individuais,[21] abertamente ajustadas de modo similar, cada uma das quais trabalha na mesma direção, muitas vezes por gerações a fio, destacando os temas [*Motive*] universalmente humanos e polindo alguns dos acessórios a perturbá-los. Nesse sentido, também no nosso caso a multidão de narradores de contos de fadas[22] foi mais bem-sucedidos do que o poeta individual, ao impelir para trás o máximo possível o tema [*Motiv*] secundariamente exagerado da provação, em chegar mais perto dos traços puramente humanos por nós destacados e com isso chegar mais perto do sentido original da lenda, e mesmo de corrigir de modo diretamente psicológico em certos

21 Parece característica, nesse sentido, a expressão idiomática usada amiúde nos títulos dos livros populares: trazido novamente à luz ou promovido à impressão *por um amante da história* [N. A.].

22 "Narrador do conto de fadas" é a tradução mais literal de *Märchenerzähler*, que pode também ser vertido por "contador de história". Com esse narrador, estamos no limiar entre tradição oral e tradição escrita [N. T.].

pontos a tradição deformada pelo acento em complexos demasiadamente pessoais. Os narradores de contos de fadas fizeram aí algo que Jung pôde demonstrar, num interessante trabalho,[23] a respeito do rumor, que de fato jaz próximo à tradição oral: a saber, que ele interpretou psicologicamente de modo perfeitamente correto um produto anímico igualmente incompreendido, um sonho, no decorrer de sua tradição oral, enquanto cada narrador individual subentendeu a partir de seus complexos pessoais o sentido correto e o adicionou ao material enquanto uma modificação complementar. Também vemos aqui finalmente que a grande popularidade do material entre os narradores poéticos de diferentes tempos e países, bem como em seu público, não pode ser esclarecida a partir do gosto pela ação externa artisticamente exagerada e tão mal motivada, mas surge, antes, da satisfação não reconhecida dos mesmos impulsos inconscientes cuja intensidade especial levou originalmente ao arranjo grosseiro desse complexo no produto da fantasia, e cuja repressão gradual da nossa vida anímica culturalmente ajustada deve ser responsabilizada pelas equívocas concepções posteriores.

---

23 Docente dr. C. G. Jung (Zurique): *Ein Beitrag zur Psychologie des Gerüchtes* [*Uma contribuição à psicologia do rumor*] (*Zentralblatt für Psychoanalyse*, ano I, 1911, p. 81 ss.) [N. A.].

# A "peça de teatro" em "Hamlet" – Uma contribuição para a análise e compreensão dinâmica da poesia[1] (1915)[2]

Segundo a interpretação de Freud, a incapacidade de Hamlet em se vingar do tio pelo assassinato de seu pai se enraíza na "posição edípica" que o impede de matar o homem que, satisfazendo os seus próprios desejos inconscientes, elimina o seu pai e toma o seu lugar junto à mãe. A peça inteira consiste, para dizer propriamente, em nada além de adiamentos artificialmente [*kunstvoll*] realizados dessa ação [*Handlung*] exigida pelo herói, que somente ousa emergir no fim, na grande morte universal, por assim dizer.

Eu gostaria, agora, de mostrar que importância cabe à tão discutida "peça dentro da peça" nesse complicado maquinário de inibições e adiamentos e como ela merece ser chamada, desse ponto

---

1 Cf. Freud (1900), *Die Traumdeutung* [*A interpretação dos sonhos*], p. 183 ss.; Rank (1909), *Der Mythus von der Geburt des Helden* [*O mito do nascimento do herói*] (*Schriften zur angewandten Seelenkunde*, vol. 5). Jones (1910), *The Oedipus-Complex as an Explanation of Hamlet's Mystery* [*O complexo de Édipo como uma explicação do mistério de Hamlet*] (*American Journal of Psychol.*, vol. XXI). Rank (1912). *Das Inzest-Motiv in Dichtung und Sage* [*O tema do incesto na poesia e nas lendas*] (cap. II e IV) [N. A.].

2 Tradução de "Das 'Schauspiel' in 'Hamlet' – Ein Beitrag zur Analyse und zum dynamischen Verständnis der Dichtung", *Imago*, 4(1), 41-51.

de vista, de clímax e ponto de virada do desenvolvimento dramático e anímico.

Depois de Hamlet, que inicialmente apenas fica enlutado pela súbita morte de seu pai e se indigna com o rápido recasamento de sua mãe, descobrir pelo espírito de seu pai falecido o seu assassinato, a vingança contra o assassino se mantém firme nele como a única finalidade da sua vida. Ele não faz nada, porém, para realizá-la, mas meramente finge insanidade, supostamente para poder elaborar sem impedimentos um plano, que, no entanto, não emerge nenhures. Ao contrário, é apenas com a chegada da trupe teatral e com o tocante ensaio do ator [*Spieler*] que o herói se lembra de que ele, até agora, em vez de agir [*handeln*], apenas atuou [*gespielt*] – como um comediante –, quando fez o papel [*agiert*] de um insano.[3] Mais forte do que a relação externa, age como estimulante em Hamlet a relação concernente ao conteúdo. O discurso do ator trata de fato do terrível homicídio de um rei (Príamo) e da dor de sua esposa enlutada (Hécuba), cuja mera descrição leva o próprio declamador às lágrimas e faz lembrar ao príncipe que ele tinha muito mais razões para deixar derramar suas paixões mais profundas em ações [*Handlungen*], graças aos atos ocorridos ("por Hécuba"), em vez de permanecer ocioso e de sonhar. Não se consegue incentivá-lo à ação [*Tat*], porém, por meio desse espelho da alma posto em sua frente, mas sim, como até então se contentara,

---

3 Convém notar ao leitor que o verbo *agieren*, que traduzimos aqui como "fazer o papel", é o mesmo que Freud utiliza para se referir às repetições transferenciais em ato, em *Recordar, repetir e elaborar* (1914): na transferência, os pacientes põem em ato (*agieren*) memórias ou fantasias inconscientes, em vez de rememorá-las. Em seu texto, Rank coloca a atuação teatral – designada com o verbo *spielen*, que também pode significar "jogar, brincar" – em contraposição à ação efetiva – designada com o verbo *handeln*, que vem de *Hand*, "mão". O vocabulário português tem apenas os verbos "agir" e "atuar" para se referir a esses *atos*, sendo que o segundo advém do particípio passado (*actus*) do primeiro (*agere*) [N. T.].

ele volta a fazer o papel [*spielen*] de um louco – também agora apenas numa *imitação do ator*,[4]

> *Desafogando minha alma com palavras,*
> *Me satisfazendo com insultos; é como uma meretriz;*
> *Ou uma lavadeira!*
> *Maldição!*[5]

É aqui que lhe surge a ideia de uma peça teatral que, representando [*darstellend*] o assassinato de seu pai, deve levar o assassino, ali presente, à traição de sua culpa. Ao mesmo tempo, Hamlet procura justificar esse adiamento da sua ação [*Aktion*] por meio da dúvida, surgida, então, na confiabilidade da aparição fantasmagórica, ao ter a esperança de obter a segurança interna requerida para o seu ato [*Tat*] da confissão involuntariamente coagida do assassino. O fato de a peça teatral lhe proporcionar, por meio de seu efeito no rei, essa certeza e ele, no entanto, mesmo assim permanecer incapaz de consumar a vingança prova o quanto seus escrúpulos e ponderações correspondem apenas, de novo, a falsas razões uma vez mais alegadas, que substituem a verdadeira causa inconsciente de sua inibição.[6]

Se não nos deixarmos induzir por essa tendência distrativa do herói e do poeta a considerar a peça teatral somente por seu efeito no rei e enquanto prova de sua culpa, e se nos ativermos às suas relações com o herói mesmo, então poderemos adquirir uma nova compreensão sobre o mecanismo secreto do transcurso dramático e anímico. Assim como a recitação do ator sobre o homicídio de

---

4 A quem ele, aliás, havia já declamado o início do seu longo discurso [N. A.].

5 *Hamlet*, Ato II, Cena 2. Todas as citações de *Hamlet* são oriundas da tradução de Millôr Fernandes [N. T.].

6 Isso já foi notado por Jones [N. A.].

Príamo faz lembrar ao filho, atrasado na vingança, a sua missão, também a peça do assassinato de seu pai deve atiçar o impulso reprimido à vingança e ajudar a desencadear o ato [*Tat*] decisivo, mais ou menos como quando alguém tenta tomar coragem para um assassínio por meio da bebida. Que Hamlet necessite repetidamente de tal encorajamento mostra com toda nitidez não apenas o decurso da peça em geral, mas também cenas particulares;[7] assim, especialmente no diálogo entre Hamlet e sua mãe, a aparição do pai morto, que serve "para aguçar a resolução já quase cega"[8] e indica que a aparição fantasmagórica tem essa função desde o início, que se revela diretamente também ao aparecer pela primeira vez ("Vinga esse desnaturado, infame assassinato").[9]

O espetáculo é precedido por uma pantomima que antecipa todo o conteúdo da peça numa exposição [*Darstellung*] abreviada, o que tem o sentido colateral, refinadamente poético, de informar o espectador, pois de fato a verdadeira apresentação teatral é interrompida pela traição de "Íbico"[10] do rei. Na cadeia de estimulantes

7 Cf. a observação de Jones sobre o discurso do ator e o episódio de Fortinbrás [N. A.].

8 *Hamlet*, Ato III, Cena 4 [N. T.].

9 *Hamlet*, Ato I, Cena 5 [N. T.].

10 Íbico foi um poeta grego, nascido no séc. VI a.C. Aqui, Otto Rank parece referir-se ao poema *Die Kraniche des Ibykus* ("Os grous de Íbico"), escrito em 1797 por Schiller. No poema, a caminho dos jogos de Corinto, Íbico é morto num deserto por dois homens, sem que ninguém testemunhe o crime – à exceção dos grous que sobrevoam a área, a quem o poeta invoca como testemunhas. Seu corpo é encontrado em seguida, e uma multidão acorre ao templo para pranteá-lo. No poema, diga-se de passagem, Schiller chama o púlpito de *Bühne* ("palco"), e volta a se referir a ele com a palavra *Szene* ("cena") – ou seja, Schiller confere ares "teatrais" à cerimônia fúnebre e solene. Estando o templo lotado, *o palco quase se desfaz*. A "traição de Íbico" de que fala Rank ocorre no poema de Schiller: do alto das galeras, ouve-se o grito de um homem: "Veja, Timóteo, são os grous de Íbico!"; com o grito, descobre-se que se trata dos dois assassinos. Eis os últimos versos do poema, em tradução *ad hoc* nossa:

usados contra as inibições de Hamlet, essa pantomima forma, não apenas temporal, mas também psicologicamente, o elo intermediário entre o episódio de Príamo, que traz à consciência do príncipe a sua participação inativa [*untätig*], e a peça teatral propriamente dita, a qual deve impeli-lo imediatamente à vingança, ao fazer dele em certa medida a testemunha ocular do crime.[11] A pantomima tenta antes, por assim dizer, uma vez mais com os meios mais amenos de uma representação [*Vorstellung*] meramente figurada (à maneira de uma imagem onírica ou de uma fantasia), enquanto a ação [*Aktion*] eloquente da peça – para a qual o próprio Hamlet contribui com a parte essencial do texto – aparece como o último e mais poderoso meio na série desses acionadores. O fato de, não obstante, o ato [*Tat*] por assim dizer palpitante o tempo todo nas mãos do herói não ser desencadeado tem diferentes motivos e consequências, cujo rastreamento não é sem valor para a compreensão da estrutura mais refinada do poema.

O motivo principal é que o homicídio do rei na peça teatral deve não simplesmente exibir ao assassino o seu ato [*Tat*], mas esconde, antes, um outro significado secreto como que sob um fundo falso. Ao herói, por cuja iniciativa a peça teatral é organizada, ele coloca diante dos olhos nomeadamente a realização de seu impulso inibido, ao apresentar como fato ocorrido o assassínio, almejado por ele, do rei atual, seu tio. Que o rei assassinado na peça represente não apenas o pai de Hamlet, mas também o seu tio (e

---

*Eles são arrebatados e arrastados perante o juiz,*
*A cena se torna tribunal,*
*E confessam os vilões,*
*Atingidos pelo raio da vingança* [N. T.].

11 Logo antes da peça teatral, de modo muito refinado o poeta faz o príncipe, ao conversar com Ofélia, colocar a morte de seu pai numa proximidade temporal imediata: "e meu pai morreu não tem nem duas horas" (Ato III, Cena 2) [N. A.].

padrasto), não se deve demonstrar naturalmente pelo próprio personagem do rei na peça, em que ambas as figuras fluem uma na outra. Por outro lado, isso é pronunciado com toda nitidez desejável no personagem do seu assassino, a cujo aparecimento Hamlet faz o aparte: "Isso é um tal de Luciano, sobrinho do Rei",[12] e com isso estabelece a identidade da sua relação com o rei atual.[13] No discurso do ator, ele tem sua tarefa exemplificada num modelo clássico; na pantomima, ele deixa evidenciado em certa medida o que ele tem de fazer; e na peça teatral palavra e ato [*Tat*] devem cooperar para levá-lo à imitação do representado. Mas, como há pouco, no exemplo do homicídio de Príamo, ele se contentara com a descarga em palavras, que imitava o ator, agora ele se contenta com o assassinato meramente "encenado" [*gespielt*] do tio, em vez de tirar dele o impulso para agir [*Impuls zur Tat*]. Com isso, Hamlet é novamente dispensado do dever de realizar efetivamente o ato [*Tat*], e ele de fato não é capaz de matar o rei, a quem surpreende numa prece penitente imediatamente após a peça. Uma outra evidência, ainda que indireta, para a nossa concepção, segundo a qual o assassinato do rei na peça deve não apenas incitá-lo ao seu ato [*Tat*], mas ademais substituí-lo, pode ser entrevista no comportamento de Cláudio, que abandona o mais apressadamente possível a peça com as palavras: "Me deem alguma luz! Depressa!",[14] e ao retornar na cena seguinte (Ato III, Cena 3) revela indubitavelmente o seu medo ante eventuais ataques de Hamlet:

---

12 *Hamlet*, Ato III, Cena 2 [N. T.].

13 Uma direção sagaz, como eu vi ocasionalmente, é capaz de deixar nítida essa identidade no fato de o assassino, cujos "negros pensamentos" o poeta destaca, aparecer numa vestimenta negra, que sabidamente é a única roupa de Hamlet durante toda a peça. Compare-se também a caracterização do assassino de Príamo, o hirsuto Príamo, "cujas armas negras, fúnebres como seu intento, semelhavam a noite..." (Ato II, Cena 2) etc. [N. A.].

14 *Hamlet*, Ato III, Cena 2 [N. T.].

*Não gosto do jeito dele; e não é seguro pra nós*
*Deixar campo livre a esse lunático.*

Ele envia à Inglaterra, por conseguinte, o perigoso enteado em companhia de seus dois amigos Rosencrantz e Guildenstern com o encargo secreto de tirá-lo do caminho, destino este que Hamlet é capaz de virar para o seu acompanhante ao fazer confundir a "carta de Urias".[15,16] Que ele seja capaz de perpetrar esse ato [*Tat*] inescrupulosamente, como Freud já acentuou, é mais uma vez apenas o resultado de uma incitação externa (Ato IV, Cena 4): o exército da Noruega, sacrificado por "uma casca de ovo" por Fortinbrás, que lhe ensina a desprezar a vida humana.

Do fato de que o assassino na peça deve ser identificado com o próprio Hamlet, pode-se desenvolver um outro significado que determina mais de perto a subsequente inação [*Tatenlosigkeit*] de Hamlet. Todo o conflito na alma de Hamlet provém de sua posição ambivalente diante do pai, por cuja consequência ele não é capaz de matar aquele que realizou seus próprios desejos infantis. É na verdade o impulso homicida contra o pai *biológico*, em cujo lugar a criança quer pôr a si mesma junto à mãe, que aparece inibido

15 Urias é um personagem bíblico, marido de Betsabá (Samuel II). Após engravidar Betsabá, David envia Urias ao seu exército portando uma carta, na qual se continha a ordem para que Urias fosse posto na frente de batalha, a fim de ser morto. Por isso, a "carta de Urias" é sempre uma carta que porta uma má notícia (em geral a morte) para o seu próprio portador. Em *Hamlet*, o rei Cláudio bane Hamlet à Inglaterra com uma carta ordenando que o seu portador seja morto – mas Hamlet põe a carta nas mãos de seu próprio acompanhante [N. T.].

16 Talvez valha a pena mencionar que também Cláudio – afora os motivos externos por ele alegados (Ato IV, Cena 7) – foi detido por inibições internas de eliminar Hamlet, que lhe era tão perigoso. Que isso recaia finalmente sobre Cláudio, que se serve de Laerte apenas como um instrumento – na secreta esperança lateral de também se livrar desse inimigo – é nitidamente pronunciado na cena (Ato V, Cena 2) do duelo (Laerte: "... o Rei, o Rei é culpado!") [N. A.].

em Hamlet através de todos os escrúpulos conscientes e contraimpulsos inconscientes, por estar sempre à espreita de satisfação. Por esse anseio, ele realmente desfruta, em pensamento, do parricídio que Cláudio consumou para ele, e vê declamado o assassinato do velho Príamo e exibida a peça que repete o assassinato de seu pai e mostra a ele mesmo no papel do assassino. É por isso, e não porque Cláudio, de cuja culpa ele não duvidava, parece pego de surpresa, que após a peça, que acaba com o assassinato, Hamlet cai no estado de ânimo mais eufórico e enlouquecido, que nenhum dos intérpretes de Hamlet conhecidos por mim conseguiu expressar tão bem quanto Bassermann.[17] Trata-se do triunfo pela morte do pai, que dessa vez pode desafogar-se desinibidamente sob a máscara de ter sido ludibriado pelo seu assassino. Assim, a peça teatral não apenas força o assassino efetivo à confissão involuntária, mas também traz à luz, através do humor maníaco que provoca em Hamlet, a sua "culpa em pensamento" inconsciente.

A prova disso, fornece-a novamente a sequência de cenas que Hamlet passa nesse humor, que se caracteriza de forma nítida o suficiente nos discursos obscenos direcionados a Ofélia, a procurar por sua mãe, para quem o caminho ficou livre há pouco, com essa eliminação do pai (e de seu substituto). E a mesma cena (Ato III, Cena 2, palavras de fechamento) mostra também com uma nitidez verdadeiramente inesperada o quanto o anseio inconsciente pela posse sexual da mãe opera como força motriz para a eliminação do pai:

*Agora eu poderia beber sangue quente,*
*E perpetrar horrores de abalar o dia,*
*Se ele visse. Calma! Vamos à minha mãe.*

---

17 Albert Bassermann (1867-1952) foi um ator de teatro e cinema, considerado um dos melhores em língua alemã de sua época [N. T.].

*Ó, coração, não esquece tua natureza;*[18] *não deixa*
*Que a alma de Nero entre neste peito humano.*
*Que eu seja* cruel, mas não desnaturado.
*Minhas palavras serão punhais lançados sobre ela;*
*Mas meu punhal não sairá do coldre.*

Com essas palavras, Hamlet se adverte à moderação com relação à sua mãe, para quem o caminho doravante está aberto após o assassinato (fictício) do pai: ele não quer tornar-se um segundo Nero com relação à sua mãe, o que constitui um aviso consciente diante do matricídio, mas que inconscientemente mira no incesto com a mãe, inseparavelmente ligado ao nome de Nero, cuja possibilidade parece se lhe oferecer agora em certa medida.

Como Hamlet necessitava antes, até a cena da peça teatral, de um aumento progressivo de acionadores à realização de seu ato de vingança [*Rachetat*], agora que o herói passivo se aproximou o máximo possível dele aparece uma série de inibições contra o impulso incestuoso tornado destarte livre. E como antes nenhuma incitação era forte o suficiente para impeli-lo ao ato homicida [*Mordtat*], agora nenhuma inibição parece ser forte o suficiente para retê-lo dessa segunda parte do ato [*Tat*]. Visto que a autocolocação de Nero como um exemplo indigno de imitação evidentemente não é suficiente para isso, Hamlet tem primeiramente de reencontrar, no caminho rumo ao quarto de dormir de sua mãe, o seu tio-pai, que lhe demonstra a irrealidade da cena de assassinato recém-ocorrida e a quem ele não é capaz de matar, apesar da ocasião a mais favorável. Também aqui ele sabe encobrir sua inibição com falsos motivos

18 Nesse sentido já lhe havia avisado o espírito do pai (Ato I, Cena 5): "Não contamina tua alma deixando teu espírito engendrar coisa alguma contra tua mãe" [N. A.]; (Em alemão, no lugar de "alma" está *Herz*, "coração", como nas palavras de Hamlet citadas acima) [N. T.].

– como ele fundamentara a "ratoeira" da peça de teatro com dúvidas acerca da confiabilidade do fantasma – ao alegar ser uma vingança inadequada o ato de matar o assassino enquanto ele reza. Ele quer esperar pelo que considera uma ocasião mais apropriada:

> *Quando estiver dormindo bêbado, ou em fúria,*
> *Ou no gozo incestuoso do seu leito;*
> *Jogando, blasfemando, ou em qualquer ato*
> *Sem sombra ou odor de redenção.*[19]

Também nessa justificativa peculiar se encontra um sinal da identificação, consumada na peça teatral, entre o rei assassinado e o seu assassino, pois Hamlet quer consumar a vingança quando este se encontrar na mesma situação em que levou sua vítima à morte. – Imediatamente depois, no quarto de dormir da rainha, Polônio, que está escutando por detrás de uma cortina, opera como uma nova pedra no sapato[20] de sua imoderação com relação à mãe; ele se revela por um ruído e é esfaqueado por Hamlet através do papel de parede, e Hamlet pressupõe ser ele o rei ("Quem é; o rei?" – "Eu te tomei por um teu maior"[21]).[22] Essa é, na sua atividade [*Aktivität*], a maior aproximação ao seu ato [*Tat*] – no assassinato efetivo de um homem, que aparece como um substituto pronunciado do pai

19 *Hamlet*, Ato III, Cena 3 [N. T.].

20 *Hemmschuh*, em alemão. *Schuh* é "sapato", e *Hemm-* é o radical de *hemmen* ("inibir"), *Hemmung* ("inibição") [N. T.].

21 *Hamlet*, Ato III, Cena 4 [N. T.].

22 Convém tomar esses sinais apenas como indício de que o assassinato de Polônio representa, aqui, o assassinato desejado do rei. Pois Hamlet realmente deve saber que o rei não está presente: ele o encontrara rezando logo antes e teria também reconhecido a voz do velho no grito de ajuda; ademais, ele já sabia antes (Ato III, Cena 1) que Polônio escutava sigilosamente, enquanto não tinha notado o rei. Este diz, além disso: "Teria feito o mesmo a nós, estivéssemos lá" (Ato IV, Cena 1) [N. A.].

e como um sucedâneo do rei –,[23] na qual o efeito da inibição se faz notável pelo fato de ele o matar sem ser visto e de não querer ter clareza sobre a pessoa. Ademais, ele realiza esse sub-rogado do seu ato [*Tat*] apenas sob o assédio dos sentimentos referentes à mãe, presente na cena, que obscurecem seus subterfúgios antes tão perspicazes, e recebe de Laerte, o filho do assassinado e que demanda desinibidamente vingança, a merecida pena de morte por esse parricídio. Mas ainda uma terceira inibição à sua paixão desmedida com relação à mãe é acionada. No ápice das acusações que Hamlet faz à mãe e nas quais fala do nojento acasalamento com seu rei andrajoso, aparece por um instante – visível apenas para ele – o espírito de seu pai (sem armadura), a fim de exortá-lo à suavidade com a mãe e à vingança com o tio. Assim, a ação [*Handlung*] realmente atingiu o mesmo ponto que no início, à primeira aparição do espírito diante de Hamlet (Ato I, Cena 5), e o herói doravante não empreende de fato [*tatsächlich*] mais nada para a realização de seu ato [*Tat*], que lhe é tornado possível, por fim, por uma mera coincidência e que ele concretiza apenas enquanto morre, o que exclui a possibilidade malquista de se colocar a si mesmo no lugar do assassinado.[24] Entre a primeira e a segunda aparição do espírito diante de Hamlet, jaz como clímax a cena da peça em que o crime do parricídio é repetido, ou melhor, é executado *in effigie* pelo próprio Hamlet. Com relação à aparição fantasmagórica, Hamlet procura, por meio desse falso assassínio [*Scheintötung*], assegurar-se de que o pai efetivamente está morto e que não lhe pode mais aparecer

23 Ele fizera certa vez o papel [*gespielt*] de Júlio César, que é abatido por seu filho Brutus, como ele imediatamente antes da peça confessa a Hamlet (Ato VIII, Cena 2) [N. A.].

24 Esse é, não apenas segundo o conteúdo da peça, mas também segundo a prece de Cláudio (Ato III, Cena 3), o crime principal e a culpa principal. – É por isso que no fim aparece também o jovem Fortinbrás (de acordo com a Cena 4 do Ato IV, também um modelo e uma incitação para o ato [*Tat*] de Hamlet), que é nomeado explicitamente como sucessor [N. A.].

enquanto espírito.[25] Mas é precisamente isso que é desmentido com sua segunda aparição no quarto de dormir da mãe, assim como o fato de Hamlet encontrar o rei Cláudio rezando após a peça teatral, o que refuta o seu assassínio consumado na peça. Hamlet aqui reconhece indubitavelmente, pois, que deve efetivamente agir, que deve efetivamente matar, não apenas "por divertimento" como na peça teatral, e ele o faz, ao encontrar ao menos a figura paterna mais inofensiva, Polônio.

E, não obstante, encontra nele precisamente o representante do pai decisivo para a situação. Pois as três figuras paternas que lhe aparecem após a peça teatral, na maior aproximação possível à sua fantasia de eliminá-las, cruzam com ele precisamente no caminho rumo à mãe, tornado livre com o assassinato encenado, e assim eles são caracterizados como perturbadores do relacionamento com a mulher. Que ele agora mate precisamente Polônio tem, além de todos os motivos mencionados, a razão ainda mais profunda de que Polônio é o pai *per excellentiam*, que o estorva em seus relacionamentos sexuais, como faz o pai real no relacionamento com a mãe.[26] Pois é Polônio quem espia, desaprova e boicota a relação de Hamlet com Ofélia, ao interditar o contato [*Verkehr*] com sua irmã.[27] O quanto, porém, Hamlet identifica Ofélia com sua mãe já foi indicado por Brandes (também por Goethe, aliás) e já foi mostrado com mais minúcia pela abordagem psicanalítica do drama (Rank, *Incesto*, p. 59). Mas Polônio não é o perturbador da liberdade sexual apenas para Hamlet, mas também, e ainda mais, para sua

---

25 Aqui, como em todo o ensaio, Rank usa muito termos com o radical *schein-*, jogando com sua polissemia, que combina elementos de *surgimento*, *fenomenalidade* e *falsidade* (cf., em português, "aparição", "aparência" e "aparecimento"). A "aparição fantasmagórica" é a *Geistererscheinung*; e o "falso assassínio", a *Scheintötung* (mais literalmente: o ato apenas aparente de matar) [N. T.].

26 Jones (p. 55) já apontou para esse significado de Polônio [N. A.].

27 *Verkehr* em alemão quer dizer "tráfego", "circulação", "movimentação", mas também "intercurso", "relações sexuais" [N. T.].

irmã Ofélia, a quem ele exorta estritamente à virtude e à castidade, e quem por isso, na loucura a que sucumbe após a morte dele, faz discursos obscenos, nos quais a sexualidade longa e violentamente reprimida [*zurückgedrängt*] abre caminho; agora duplamente roubada, contudo, do objeto amado, pois também Hamlet afastou-se dela. A fim de superar essa perda, ela escolhe o caminho de várias psicoses, descoberto analiticamente, ao identificar-se a si mesma com um dos objetos perdidos e fazer conscientemente o luto pelo outro. Ela realiza a identificação, por um lado, ao imitar a loucura de Hamlet, que ela toma por autêntica – e que é de fato neurose, afinal –, por outro lado, ao se servir de discursos indecorosos, como faz Hamlet em seu fingimento perante ela. O fato de ela sucumbir a uma doença mental, assim como Hamlet após a morte do pai, torna reconhecível que essa identificação foi proposital da parte do poeta. Por outro lado, enquanto a contraparte casta de Gertrude, ela deve representar a fidelidade feminina que transcende a morte, como a mulher que prefere sucumbir à loucura a trair o seu amado (pai ou marido).

Para o próprio Hamlet, Ofélia é um nítido substituto da mãe, e nesse sentido profundo Polônio tem razão ao supor "que a causa e o começo da desdita de Hamlet residem no amor rejeitado";[28] pois ele revela isso logo em sua primeira aparição, ao dizer que a infidelidade da mãe ao mundo e a si mesmo o haviam tornado desvairado. Dos numerosos e amiúde muito refinados indícios da identificação de Ofélia com a mãe de Hamlet, nós queremos destacar os mais nítidos, porque eles nos reconduzem de volta à cena da peça teatral. Na conversa com Ofélia, a quem ele prega castidade, aliás, assim como fizera para sua mãe (cf. Rank, *Incesto*, p. 59), Hamlet é escutado por Polônio às escondidas – como na conversa com a mãe.[29]

28 *Hamlet*, Ato I, Cena 1 [N. T.].

29 Não é preciso deduzir que, nesse "escutar às escondidas", se trata no fundo do ato sexual, pois isso se encontra nitidamente expresso nas fontes de lendas

Que ele puna o bisbilhoteiro apenas na presença da mãe, e não logo em sua primeira contravenção, pretende realçar o papel de pai com relação a Hamlet que lhe é atribuído. A fantasia aí expressa, em que o pai escuta às escondidas o filho no quarto de dormir da mãe, deve ser apreendida analiticamente como uma distorção – baseada na identificação com o pai – da fantasia primária [*Urphantasie*] infantil em que o filho escuta os pais às escondidas em seu quarto de dormir. O fato de essa expressão típica de um complexo de Édipo excessivamente pronunciado se encontrar delineada dessa maneira na peça confirmaria a interpretação freudiana de modo ainda mais reluzente (cf. Rank, *Incesto*, pp. 61, 224), caso se pudesse mostrar uma forma menos distorcida dessa fantasia. Ela existe – é a peça de teatro. Nela, Hamlet aparece de fato [*tatsächlich*] como espectador das carícias conjugais de seus pais. (Especialmente na pantomima, em que, após a ternura com a primeira esposa e o seu envenenamento, o assassino corteja exitosamente a viúva).[30]

Mas até mesmo o ato [*Akt*] observado pelo filho é indicado, ainda que de maneira distorcida, por um simbolismo universalmente humano. Pois a espécie peculiar e chamativa de eliminação, por meio da instilação de veneno no canal auditivo externo,

---

usadas pelo poeta. "Segundo a narrativa de Saxo, o rei decide testar a autenticidade da loucura de Hamlet através de gozos sensuais (um eco disso, na peça, é a exortação do rei aos amigos de Hamlet para incitá-lo ao prazer e à luxúria). Ele é trazido à floresta junto com uma moça, como se por acaso, e é deixado sozinho com ela, enquanto os espiões se mantêm escondidos num arbusto a fim de observar seu comportamento. Hamlet, todavia, leva a moça a um local isolado, onde consuma a cópula com ela sem ser olhado, e obriga a moça, que ele conhece desde a infância, a um estrito silêncio. Reconhece-se sem dificuldade nessa cena o modelo do encontro espionado com Ofélia. . ." (Rank, *Das Inzest-Motiv in Dichtung und Sage* [*O tema do incesto na poesia e nas lendas*], p. 225) [N. A.].

30 Em uma de suas obras anteriores, em *Rei Richard III* (Ato I, Cena 2), o poeta já havia recorrido poderosamente ao mesmo tema [*Motiv*], o de ganhar a viúva junto ao caixão de seu esposo [N. A.].

se esclarece apenas a partir do significado sexual latente da cena à qual esses elementos pertencem. O significado do veneno como esperma (gravidez = envenenamento) é constatado não apenas a partir do simbolismo de contos de fadas, mas também a partir da experiência analítica individual,[31] e o ouvido como órgão da concepção foi demonstrado apenas recentemente, por Jones,[32] como um símbolo da psicologia popular. Ademais, a coisa toda revela ecos do tema [*Motiv*] da queda do homem, que também é indicado pela cobra que supostamente picou o velho rei enquanto ele dormia (Ato I, Cena 5). Parece "bíblica", no sentido do Gênesis e do pecado original, a atitude de Hamlet ante o próprio ato sexual, que para Ofélia e sua mãe ele procura taxar de nojento e que ele abomina como algo animalesco. Esse parece ser um dos motivos por que, na peça teatral (e em seu modelo, o assassinato do rei), o ato sexual seja representado apenas simbolicamente em seus elementos singulares, que livremente rearranjados, porém, compõem a imagem da punição pela contravenção sexual. A partir desse caráter de compromisso, que une numa única "peça teatral" a contravenção (o ato sexual dos pais) e o castigo (feito pelo filho), deve-se também compreender a condição peculiar de trucidar o assassinado enquanto ele dorme (como Hamlet exige: "no gozo incestuoso do seu leito"). Esse caráter ambíguo da cena corresponde à concepção sádica do coito, tal como a compõe a criança no decorrer de sua pesquisa sexual,[33] e nesse sentido é facilmente compreensível que Hamlet tenha se identificado com o intérprete do assassino não só – como já foi mencionado – com o intuito do assassinato do

31 Também no desfecho o rei envenena sem querer a rainha, e todos os envolvidos morrem como o velho rei assassinado, por cuja causa tudo isso está ocorrendo, por meio do veneno de Cláudio [N. A.].

32 Die Empfängnis der Jungfrau Maria durch das Ohr [A concepção da Virgem Maria pelo ouvido]. *Jahrbuch der Psychoanalyse*, VI, 1914 [N. A.].

33 Jones (*l. c.*, p. 62) mostrou que esse traço está prefigurado na lenda [N. A.].

pai, mas também no sentido de substituí-lo no ato sexual entre os genitores.

Deve-se considerar como uma evidência para a exatidão dessa interpretação simbólica, a princípio aparentemente infrutuosa, o fato de ela também tornar um pouco mais compreensível a dinâmica anímica e de sua imagem especular dramática. Pois nós notamos aqui que Hamlet, na "peça teatral", não apenas faz que se represente [*vorspielen*] o assassinato do pai e na identificação com o assassino elimina o rival atual junto à sua mãe, mas que ele também vê aí o ato sexual dos pais e, com base nessa mesma identificação, desempenha [*spielt*] o papel do pai eliminado nesse ato. Tal como o significado "sádico" da cena deve inflamá-lo ao assassínio, seu significado sexual deve igualmente estimulá-lo ao incesto (cf. as referências a Nero), com cuja mera representação [*Darstellung*], porém, ele aqui novamente se contenta. Mas até que ponto a peça tem esse efeito se evidencia nos discursos obscenos que Hamlet direciona a Ofélia imediatamente antes da apresentação, e em maior medida durante ela.[34] Em certa medida, em vez de com a mãe, que o convida em vão até si, ele procura conquistar o efetivo objeto de amor com Ofélia – o qual ela apenas representa –, que é para ele uma substituta completa da mãe, e a qual ele havia rejeitado imediatamente antes da peça teatral porque ele estava prestes a conseguir esse amor. Nesse sentido, a peça teatral, durante a qual ele "jaz no colo" de Ofélia, toma para ele o lugar não somente do assassinato do pai, mas também do ato sexual com a mãe, no sentido do caráter modelar da cópula parental. Por outro lado, esse significado da peça teatral o desloca para o papel infantil do espectador das carícias parentais, que, enquanto trauma originário [*Urtrauma*], está na origem de sua atitude edípica e reúne todos os componentes

34 Imediatamente antes da entrada do envenenador, Hamlet tem essa réplica crassa: "Só lhe custaria um vagido, tornar meu fio cego" (Ato III, Cena 2) [N. A.].

dela como que num ponto de combustão, cuja expressão dramática nós cremos ter provado ser a "peça teatral".

Por fim, pode-se tentar ainda acompanhar um pouco mais as relações pessoais do poeta com o material e com a maneira como o tratou, na mesma direção que já foi tomada antes pela psicanálise. Mal se pode duvidar de que a grande importância que se imputa, na peça, à arte teatral e a seus representantes é influenciada pelos interesses profissionais e pela ambição artística de Shakespeare, que, como se sabe, atuou também como intérprete – em parte, dos próprios papéis. Busquei esclarecer isso psicologicamente de tal forma:

> *O desempenho dramatúrgico seria um ato* [Akt] *mais completamente psíquico, por assim dizer uma resolução mais radical de assuntos da alma, do que o trabalho do dramaturgo. O ator conclui verdadeiramente o drama, ele faz aquilo que o dramaturgo gostaria de fazer verdadeiramente, mas – por conta de resistências psíquicas – não pôde fazer: ele "vivencia", por assim dizer, aquilo com que o dramaturgo apenas "sonha".*[35]

Comparando essa fórmula psicológica com aquilo que a análise da "peça teatral" nos mostrou, nós encontramos que Shakespeare fez aí também uma confissão inconsciente de como, para ele, a arte teatral forneceu substituto para muito do que ele não pôde fazer [*tun*][36] na vida; exatamente como para Hamlet a peça teatral

---

35 Cf. Rank, *Der Künstler* [*O artista*], p. 52, e *Das Inzest-Motiv* [*O tema do incesto*], p. 231 [N. A.].

36 Ao verbo *tun* ("fazer") se vincula a palavra *Tat*, que traduzimos por "ato". Junto com os derivados latinos (*agieren*, *Akt*, *Aktion*...) e a *Handlung* ("tratamento" ou "ação"), o verbo genérico *tun* também diz respeito ao "agir", ao "fazer", de cuja inibição – e encenação teatral – trata o ensaio de Rank [N. T.].

tem de substituir as ações [*Handlungen*] que ele, graças a poderosas inibições internas, não pode executar. Também é fácil decifrar, a partir da essência da própria arte teatral, qual mecanismo psíquico permite ao intérprete a descarga motora, negada ao poeta, de afetos represados que de outra forma não seriam resolvidos: trata-se de uma identificação que levou até a suspensão temporária da própria personalidade, tão extensamente, de fato, usada em *Hamlet* e da qual tanto nos servimos também nós em nossa interpretação.[37] Além desse fator essencial da habilidade dramatúrgica, nossa abordagem nos ensina um motivo para a escolha profissional do ator que não deve ser subestimado. Na relação infantil com os pais – como mostra a análise de *Hamlet* – há alguns fatores que podem premir uma personalidade dotada para a identificação, essa capacidade universalmente dramatúrgica, precisamente para a carreira do intérprete: o desejo de ser grande e adulto, de imitar, de fazer o papel [*spielen*] do pai,[38] de colocar a si mesmo em seu lugar com base nas observações que a criança fez às escondidas [*erlauscht*][39] e que procura esconder astutamente dos pais (fingimento). Os papéis preferidos do ator lhe fornecem a oportunidade de pôr realmente em ato [*agieren*] essas aspirações e – numa inversão da situação

37 A justificativa para Shakespeare fazer o papel [*spielen*] do fantasma do pai de Hamlet e não, como era de se esperar, do próprio herói, em Rank, *Inzest* [*Incesto*], p. 232 ss [N. A.].

38 Numa família que conheço, o filho mais velho, em idade púbere, um tanto neurótico mas inclinado também à poesia, escreveu uma peça de homenagem à ocasião da festa de aniversário do pai, na qual ele representava o papel do – pai [N. A.].

39 Antes, na descrição de Rank, Polônio *belauscht* ("escuta às escondidas") a conversa de Hamlet com Ofélia; aqui, a criança "espiona às escondidas" (*erlauscht*) seus pais. Ambas as palavras derivam do verbo *lauschen*, que significa "escutar atentamente". Trata-se, contraposto ao ato de *ver* (intimamente ligado à arte teatral), o ato de *ouvir* que participa tanto da "espionagem" infantil quanto de várias das ações dos personagens de *Hamlet*, que escutam *sem serem vistos* [N. T.].

infantil, que ele de fato em parte manteve, em parte superou por meio da identificação com o pai – com isso de se deixar escutar às escondidas [*belauschen*] pelos espectadores, que se tornaram, aliás, a condição de sua capacidade mímica de ação [*Aktion*].[40] Assim, a "peça dentro da peça" e a pequena análise que vinculamos a ela se expandem numa peça propriamente dita, que nós cremos ter tornado um pouco mais compreensível em seu significado dinâmico para a vida anímica do artista e do espectador.

40 Aqui se ramifica o importante mecanismo – narcísico – da arte teatral, de que não podemos falar neste contexto. Que os espectadores [*Zuschauer*] tenham satisfação em seu desejo de ver [*Schaulust*] propriamente dito, é o que já diz seu nome e o nome da coisa (peça teatral [*Schauspiel*]). É chamativo, mas compreensível no contexto aqui desenvolvido, que sonhos de teatro (circo, exposições [*Schaustellungen*], sobretudo) regularmente se revelem na análise como representações do ato de escutar às escondidas [*Belauschung*] a cópula parental, como se pode reconhecer a partir de alguns detalhes típicos e muito chocantes [N. A.]. [*Zuschauer* e *Schaulust* têm em si o radical *schau-*, presente no verbo *schauen*, "ver". Em alemão, uma peça teatral é dita *Schauspiel*, literalmente "jogo de ver". Curiosamente, em seu texto sobre o poeta e a fantasia de 1908, Freud fizera referência não ao *schau-* presente nessa palavra, mas ao *spiel-*, que ele conectara em sua análise com o "jogo" (*Spiel*) infantil. Neste seu ensaio, Rank complementa essa análise etimológica, tratando do ato e do prazer de *ver* (*schauen*) constituintes da arte teatral – N. T.].

# Homero: contribuições psicológicas para a gênese da épica popular[1] (1917)[2]

*O que deve viver imortal no canto tem de na vida naufragar*[3]

Schiller (*Die Götter Griechenlands* [*Os deuses da Grécia*])

1 "Épica popular" traduz a palavra *Volksepos*, que reaparecerá muitas vezes ao longo do ensaio de Rank. *Epos* é a poesia épica, a epopeia (e por isso, a depender do contexto, ora a vertemos para "épica", para designar a poesia épica de um modo geral, ora para "epopeia", para designar um poema específico). *Volk* é o povo; portanto *Volksepos* é a "epopeia do povo", ou "poesia épica feita pelo povo". Trata-se, como Rank explicará adiante, de uma concepção originada no romantismo alemão, em contraposição à ideia de uma *Kunstepos*, onde *Kunst* é "arte" e se liga ao campo semântico do que é "artificial", "artificioso", e assim por diante. Segundo as concepções românticas, esta épica "artificial" seria menos *natural*, menos *espontânea* de um povo; teria um *autor* único, identificável, e nasceria de suas concepções artísticas, enquanto a *Volksepos* seria produto de uma potência artística coletiva, quase anônima, sem um autor único a ser identificado. O ensaio de Rank, desde a sua abertura carregada de experiências pessoais, versará sobre essas relações entre o indivíduo e a comunidade a que pertence, entre o *um* e o *todo* em que ele se dissolve [N. T.].

2 Tradução de "Homer: psychologische Beiträge zur Entstehungsgeschichte des Volksepos", *Imago*, 5(3), pp. 133-169.

3 Observe-se que o *Gesang* ("canto"), que aparece já na epígrafe do ensaio, será termo recorrente nele, junto ao *Lied* ("canção") [N. T.].

## *Prefácio*

Os ensaios sobre a épica popular, impressos a seguir e publicados numa sequência mais informal, em especial sobre os poemas homéricos, tão admirados quanto criticados, são fragmentos de um trabalho maior, cuja concepção e estudos preliminares datam de muitos anos atrás; sem a guerra, porém, sua realização e sua publicação teriam provavelmente sido postergadas ainda por mais longo tempo.

Mas não se deve compreender isso como se o tema, que trata dos grandes combates de povos na história mundial, determinantes para o destino da humanidade civilizada, fosse estimulado pela guerra ou premido em uma certa direção. Na verdade, a colocação puramente psicológica do problema, assim como pontos de vista individuais para a sua solução, provieram do domínio da psicanálise, que começa a se provar como um princípio metodológico indispensável em diferentes áreas das ciências do espírito. Jazendo o nosso próprio tempo, que se absorve no realismo, mais fortemente sob o domínio de poderes internos do que crê ou deseja reconhecer, procura, aliás, refúgio num ardoroso ímpeto de exteriorização precisamente talvez por essa coação interna pela qual não se responsabiliza; tanto mais o anímico continua sendo a última e mais alta instância no mundo idealista de pensamentos da ciência, mesmo ali onde o pesquisador se esforça por "compreender" as rígidas leis dos fenômenos naturais e do fado do homem, o que novamente não pode significar nada a não ser conciliá-las com sua posição no mundo, determinada pela constituição anímica.

O método psicanalítico de pesquisa descobriu em seus resultados seguros, portanto, leis cujo alcance, indo além do interesse profissional e geral, abrange a história da hominização [*Menschwerdung*] e da criação humana do mundo. Aquilo que a astúcia inventou, o entendimento captou [*begriffen*],[4] o espírito engendrou, a fantasia criou – tudo isso fluiu das mesmas poucas fontes da necessidade [*Bedürfen*] humana, do anseio, da renúncia, moldados segundo as rijas normas da necessidade [*Notwendigkeit*][5] inexorável e determinado a realizar com satisfação a quintessência do desejo humano.

Os mecanismos descobertos por Freud no tratamento de transtornos psíquicos imperam no incomensurável reino da formação humana da fantasia, desde a ideia fixa do insano até a produção artística de alto valor, que no fundo têm a mesma serventia: corrigir a insatisfatória realidade. Em que medida também a épica popular e a formação de lendas, que nela se baseia, obedecem a essas leis que regem a vida anímica individual, quais tendências do ânimo, para que funções sociais ela serve, quais fases do desenvolvimento cultural e quais eventos históricos ela reflete em seu material – é o que se deverá analisar nos seguintes ensaios, a partir do ponto de vista do pensamento psicanalítico.

Faz já dez anos, Freud enfatizou o caráter "épico" em certas particularidades formais da formação da fantasia,[6] que encontram sua correspondência em determinadas tendências psíquicas, e com isso estimulou o estudo da formação da épica propriamente dita.

---

4 O verbo *begreifen*, que se pode traduzir por "apreender," "compreender" ou "conceber", advém do verbo *greifen*, que significa "pegar", "agarrar". Relaciona-se com o substantivo *Begriff* – o "conceito" (que em latim tem também uma origem similar, embora menos *apreensível* para os falantes do português: *conceptus*, *concipere* vêm de *capere*: "pegar", "capturar") [N. T.].

5 Tivemos de usar a mesma palavra ("necessidade") para traduzir duas palavras diferentes. *Bedürfen* se refere mais geralmente às necessidades biológicas ou vitais, enquanto *Notwendigkeit* diz respeito mais regularmente à categoria *lógica* ou *jurídica* da "necessidade" e do "dever" [N. T.].

6 Freud, S. (1908). *Der Dichter und das Phantasieren* [*O escritor e a fantasia*]. [N. A.] [Versão brasileira em Obras Completas de Sigmund Freud, vol. 8 (1906-1909). Companhia das Letras, pp. 335-338 – N. T.].

Mas, às dificuldades jacentes no próprio material e às complicações que esforços científicos seculares, feitos para compreendê-lo, introduziram, se juntava também uma carência que deve ter impedido os psicólogos de aprofundar, de maneira fecunda, seu interesse pelo problema da épica popular: a ação da épica, amada por nós graças à sua beleza poética, tinha um material tão afastado de nós quanto o é seu cenário espacial, de forma que a empatia que conduz à compreensão última só encontrava pontos de apoio nos poucos fatores universalmente humanos, sem penetrar o detalhe e a estrutura como um todo.

A guerra, que a sabedoria grega designa como o pai de todas as coisas, nivelou de um só golpe esse déficit com suas enormes reviravoltas externas e suas revalorações internas, ao aproximar dolorosamente o psicólogo, ajustado para o trabalho minudente da individualidade, das lutas heroicas e dos movimentos nacionais do passado com seus motivos arquieternos, na mais intensiva das convivências. A fissura entre o indivíduo, que objetiva o ganho de prazer, e a sociedade, que exige adaptações e renúncias, a qual, em caso negativo, havia apenas imperfeitamente ocultado mulher, família, raça e nação, foi subitamente superada com a guerra, que borrou as peculiaridades individuais em mais ampla medida e fez crescer poderosamente o sentimento, reforçado pela necessidade vital primitiva, de comunhão e de unicidade. Atingiu-se, assim, uma posição adequada para o problema, que possibilitou apreender o enigma de psicologia coletiva subjacente às grandes criações épicas por meio da abordagem da psicologia individual encharcada do mais intensivo senso de comunidade.

Pois não é de maneira alguma óbvio que as aspirações sociais e as ideias democráticas que dominam o nosso tempo, as quais encontraram na guerra poderosos estímulos para sua realização, sejam o escoadouro de um senso de comunidade tão intensivo como o que marcava os povos antigos. Elas aparecem, antes, como uma reação às aspirações individualistas especiais[7] do indivíduo, que são sentidas por ele de forma opressiva tanto quanto ele tem de sentir-se como membro da comunidade, mais precisamente na forma da consciência moral social, a qual permanecera estranha, nessa forma, à individualidade da Antiguidade, que se sentia completamente em harmonia [*eins*][8] com a sociedade. Essa é também uma das razões por que o surgimento de uma épica popular do novo tempo permaneceu negada, apesar dos grandes acontecimentos a formar sua precondição. Pois, para além das vivências rememoradas de eventos importantes para o povo, que ainda não se moveram do alvorecer lendário rumo à luz histórica da consciência, também pertence a essas precondições uma individualidade que se sabe em harmonia [*eins*] com o passado, o presente e o futuro do povo, que une numa harmonia [*Harmonie*] niveladora ambos os lados da natureza humana, o individualista e o social, cuja relação determina a inteira atitude para com o mundo, mas que não deve antagonizá-los enquanto extremos para poder conservar o equilíbrio necessário à existência. Não é nenhuma coincidência, por conseguinte, que os acontecimentos decisivos da migração dórica, do movimento dos povos germânicos ou das batalhas tribais indianas, determinantes por séculos para o destino da humanidade civilizada nos obscuros tempos primevos [*Urzeiten*], se sedimentaram em poemas épicos, que permanecem negados aos grandes eventos do

---

7 *Sonderbestrebungen*, no original. *Sonder*, como prefixo, significa geralmente "especial", "extraordinário"; *besonders*, por exemplo, significa "especialmente", "particularmente". A palavra, contudo, tem relação com o verbo *sondern*, que significa "separar" (cf. *gesondert*, "separado"). Rank pode estar se referindo aqui também às "aspirações de separação" do indivíduo, de sentir-se e portar-se como um ser separado da comunidade a que pertence [N. T.].

8 Aqui, Rank usa a expressão *sich fühlen eins mit der Sozietät*, literalmente "sentir-se um com a sociedade". Trata-se da relação do *um* (*ein*), do indivíduo (*einzeln*) com a comunidade. Segundo Rank, o indivíduo da Antiguidade se sentia "um" com a sociedade a que pertencia [N. T.].

novo tempo, enquanto a catástrofe cultural, que se desenrola atualmente à plena luz da concepção histórica realista da consciência analítico-individualizante, tenha possibilitado uma compreensão *psicológica* da formação e surgimento da épica.

Junto a essa extensão interna, que rasgou e puxou o indivíduo moderno, preso em seus problemas pessoais, para dentro de uma correnteza de consciência e sentimento sociais, essa tomada de posição também foi possibilitada por uma parcela complementar de extensão externa, que gravou para sempre nos sentidos inquietos a vista inesquecível daquele mais magnífico pedaço de terra, que forma na epopeia bélica homérica o prêmio do vencedor. O olho do cidadão centro-europeu, saturado com o límpido céu da Itália e com a excelsa paisagem grega, encontrou nos tremeluzentes tons celestes da costa da Ásia Menor um estimulante ponto de descanso para instantes fugidios, enquanto em frente à "rainha das cidades", como nos tempos primevos [*Urzeiten*] enaltecidos pelo poeta homérico, se batalhou pela vital via fluvial que liga a Europa com a antiga Ásia. Se ao espectador, imerso num silêncio abismado, não foi também permitida a visita aos destroços da antiga Troia e à vila comercial de Esmirna, pulsante de vida – ainda hoje tanto quanto o era no tempo em que o maior poeta da humanidade ali nasceu –, então talvez precisamente a imediatidade das redondezas desse objetivo almejado, mas inatingível tal como a fortaleza troiana, tenha agido sobre sua fantasia mais poderosamente do que aquilo que as pedras teriam talvez apenas falado. A visão que, num cristalino entardecer outonal do desgastado cemitério florestal de Ejub sobre o verdadeiramente dourado Corno de Ouro, se abre para a indescritível silhueta de Istambul e para o braço de mar que lhe jaz por detrás, com as ilhas principescas em formato de promontórios, até o umbral multifacetado do mundo asiático, tão afastado de nós, fez-nos esquecer tão radicalmente todo o infortúnio de uma expedição desnaturada, que o espírito da Antiguidade, pairando sobre a paisagem, ganhou vida de modo inesperado. Compreendia-se subitamente que se poderia amar uma cidade, querer-lhe bem pela sua beleza, como a uma mulher de um conto de fadas; compreendia-se todo o conflito e luta por ela, como se ela reunisse tudo em si e oferecesse com um gesto nobre aquilo que torna a vida externa e interna digna de ser vivida.[9]

De uma só vez nós, estreitamente unidos à pátria vienense e ainda assim crescidos demais para ela,[10] nos sentíamos parentes daquele povoado despreocupadamente sentimental dos esmirneus, que amam música, dança e diversões inofensivas com suas mulheres incomparáveis, que dizem ser as mais belas da Terra. Nós sabíamos imediatamente que não por acaso essas duas cidades, o mais profundamente aparentadas em ânimo, haviam gerado os grandes cantos heroicos épicos dos gregos e germanos, e nós nos tornávamos cientes em nosso interior, com arrepiante surpresa, de uma consonância daquelas cordas que através dos séculos ligam o presente com as épocas que sobrevivem em poesia. Como então, também hoje se batalha pela posse da ponte até a Ásia; como outrora, também hoje a nossa Áustria tem de rechaçar as hordas bárbaras que irrompem do Leste; como então, também hoje os povos reagem à sua destrutividade absurda com remorso e sentimento

---

9 Aqui, Rank parece estar narrando experiências próprias, quando de sua viagem à Grécia e à Turquia em 1915 – presente de Freud por todo o seu trabalho na edição de 1914 da *Interpretação dos sonhos* [N. T.].

10 Há um jogo de palavras intraduzível presente no texto: Rank diz ser *eng verwachsen und doch entwachsen* à sua "pátria vienense". Note-se que em ambos os verbos aparece *wachsen*, que significa "crescer" (o "adulto", em alemão, é o *Erwachsene*). *Verwachsen* pode denotar o crescimento – às vezes excessivo – de plantas, que cobrem determinado espaço; pode significar também "ficar apegado". *Entwachsen*, por sua vez, tem o prefixo *ent-*, que tem sentido negativo, de distância; pode significar "crescer demais", "ultrapassar [a própria medida]". Uma criança que já não cabe mais em suas roupas é dita *entwachsen* pelos alemães [N. T.].

de culpa, que em vão procura justificar-se com atos diplomáticos e documentos secretos; como então, também hoje prorrompe um único, monstruoso grito de dor do peito da humanidade a tormentar-se a si mesma; como então, transtreme o ar, sob a abóbada eternamente sobranceira do firmamento, o lamento das mães, o gemido dos feridos; como então, agarra-nos pelo coração a miséria sem nome dos refugiados, a desesperançada desolação dos prisioneiros arrancados de sua gleba e o olhar dos mortos a se extinguir, que busca abranger carinhosamente ainda uma vez mais a beleza deste mundo ominoso. Como então, porém, também nos movem as sobrelevantes paixões de inauditas tensões de força, o orgulho e o sentimento de poder preenchem o nosso ânimo, que saboreia o triunfo da constância inabalável do vencedor por sobre toda lamúria. Agora se mistura a essas energias estimulantes de vida o sentimento da compaixão, que nos torna infelizes, de que os homens heroicos dos tempos idos eram conscientes apenas como sensação de sofrimento posterior,[11] do pesar que levava à justificação esclarecedora, nos cantos épicos, daquilo que irreversivelmente ocorreu.

No entanto nós, os nascidos muito tarde, os netos sobrecarregados com todos os avanços mas também com todos os achaques das gerações transidas, estamos incumbidos de encontrar em nosso interior o reequilíbrio para todas as emoções antagônicas cuja manifestação determina ainda o destino do indivíduo, dos povos e, por fim, da humanidade, de forma tão inalterada ainda hoje como proclamam as poesias épicas de milênios passados, muito antes que nós estivéssemos aqui para escutá-los, e ainda muito depois

11 Mais um jogo de palavras. "Compaixão", em alemão, se diz *Mitleiden*, literalmente "sofrer-com". O que traduzimos por "sofrimento posterior" é a palavra *Nachleiden*, que, em vez de *mit-* ("com"), leva o prefixo *nach-* ("após"). Para Rank, os povos heroicos não sofriam *concomitantemente* com os outros, mas apenas *após*, *a posteriori*. Nesse sofrimento *a posteriori* jazeria a possibilidade da épica [N. T.].

que o bramido intrusivo do presente se houver esvanecido em nossos ouvidos fatigados.

*Constantinopla, setembro de 1916*

## *I - O problema*[12]

*A questão épica ainda é objeto de disputa.*
*À psicologia, porém, pertencem aqui a primeira*
*e a última palavra.*
Steinthal

Essas palavras, que Steinthal, um dos fundadores da psicologia dos povos, escreveu há meio século, devem reivindicar validade total hoje mais do que nunca. É um mandamento obrigatório, por conseguinte, que uma nova tentativa de captar a essência da épica popular por uma perspectiva psicológica se vincule a isso. Muito distante de uma conciliação ou resolução, a disputa pela questão épica se agudizou em opostos aparentemente incompatíveis; a psicologia, porém, permaneceu sem palavra desde que Steinthal tão corajosamente lhe outorgou o direito de tomar parte na discussão. A filologia profissional, que monopolizou por muito tempo o domínio das pesquisas sobre a épica, deixou apenas gradualmente

12 As cinco primeiras seções prontas para publicação são esboços do primeiro inverno de guerra, entre 1914 e 1915, que inicialmente abarcam dois capítulos gerais e três capítulos a introduzir o problema homérico, aos quais devem seguir-se ainda duas outras seções principais conclusivas, sobre a formação da épica grega. O plano de conjunto do trabalho abarca ainda a investigação da *Canção dos Nibelungos*, prospectivas sobre as poesias épicas de outros povos, uma consideração da épica artística assim como dos ramos épicos na poesia dramática sob os pontos de vista aqui desenvolvidos, que, em um capítulo a caracterizar a essência da épica popular, devem encontrar uma exposição conclusiva e sintética dos resultados. As fontes literárias atualmente inacessíveis deverão ser acrescentadas posteriormente [N. A.].

que nele outros ramos do saber a ela subordinados colaborassem, e pôde dispor-se apenas posteriormente e a contragosto a reconhecer a sua igualdade de direitos. Nomeadamente, foram as escavações arqueológicas na Ásia Menor, na Grécia continental e nas ilhas, iniciadas nos anos 1880 por Schliemann, exitosamente prosseguidas por seu sucessor Dörpfeld e coroadas pelas descobertas de Creta, feitas por Evans, que, por meio da descoberta de uma antiga cultura a demonstrar os fundamentos reais da tradição épica grega, trouxeram consigo uma essencial reorientação para as questões sobre a história da épica e ampliaram consideravelmente o horizonte das pesquisas em questão. Assim, a "questão épica" se transformou hoje num complexo de diferentes problemas individuais, em cuja solução se empenham igualmente história da literatura e estética, linguística e história, mitologia e estudos sobre lendas, arqueologia e história cultural. Que a princípio essa progressiva especialização da pesquisa junto a seus resultados pudesse apenas agudizar o antagonismo de opiniões não é algo que nos deve surpreender, embora a "ciência da pá", inicialmente de má reputação, tenha finalmente conseguido atenção e reconhecimento para o seu material comprobatório, acessível à verificação positiva e objetiva, perante a desagregadora "crítica elevada", que é multiplamente vulnerável em seus fundamentos subjetivos.

Quem hoje se aproxima enquanto especialista do problema da épica popular é advertido pelo andamento insatisfatório e pelos resultados contraditórios das pesquisas anteriores, assim como é impedido pela sua limitada capacidade de trabalho e compreensão de empenhar-se demasiado na tarefa; e de fato as tentativas apressadas de autores antigos de resolver plana e totalmente a questão em sua inteireza deram lugar a investigações individuais rigorosamente delimitadas, que muito frequentemente padecem do fato de perder de vista, por sobre os detalhes, o todo no qual elas têm de integrá-los. Na luta das opiniões, conduzida com virulência e acrimônia, o tema em debate foi muito amiúde deixado de lado no esforço pessoal por refutar o oponente, e assim as contradições foram agudizadas, através de isolamento e exageração, até a incompatibilidade. Em face disso, convém tomar em consideração a coisa mesma e reaprender a contemplá-la ingenuamente, tal como o faz o poeta épico. Nesse aspecto, uma consideração psicológica do objeto oferece a vantagem de que ela deve virar-se diretamente para o material praticamente intocado nesse ponto, apesar de, enquanto instância última de todo o saber humano, exigir um conhecimento o mais abrangente possível dos diferentes problemas e das sugestões anteriores de soluções para eles; por outro lado, ela permite, ou melhor, ela demanda que se abandonem os caminhos de pesquisa já trilhados e que se tente colocar os problemas de forma independente, o que talvez possa conduzir a um reagrupamento das questões épicas que são decisivas para o entendimento de todo o mundo cultural da Grécia antiga. Não se deve, porém, esperar nenhuma tentativa de uma solução abrangente do problema como um todo, que permitiria eliminar todas as dificuldades e contradições surgidas nas especialidades, mas meramente uma contribuição psicológica, que busca reabrir, por entre a brenha da crítica intrincada, trilhas para uma visão livre e um acesso à compreensão da poesia. Que essa tentativa independente, não obstante isso, tenha de levar em consideração os resultados seguros dos diversos trabalhos técnicos e que as questões fundamentais já asseridas devam ser apreciadas ou porventura fomentadas no quadro de sua concepção – eis algo que deve naturalmente valer como pressuposto de sua justificação. Caso se logre reconciliar ou aproximar os resultados já adquiridos, aparentemente incompatíveis, ou que mesmo se anulam uns aos outros, de esforços científicos seculares, então se terá alcançado tudo o que se pode razoavelmente requerer de uma contribuição psicológica a esse tema. Pois se mostrou repetidamente, também em outras áreas, como o progresso da ciência é atrasado pela maneira estranha como os homens a praticam, e que uma concepção que respeite sem preconceitos o meio-termo, a qual seja o mais possível capaz de acomodar sem contradições o que foi elaborado, é a que sempre chega mais perto da verdade. Para fornecer uma tal base, que até agora esteve em falta para a questão épica, está qualificada segundo a sua natureza a psicologia, pois ela tem a tarefa de procurar a diversidade e a variedade dos fenômenos externos em seu ponto de combustão, a vida anímica do homem, e a partir dele torná-los compreensíveis. Até agora, contudo, a psicologia escolar só pôde fazer muito pouca justiça à sua tarefa principal propriamente dita, porque se esgotou na descrição dos processos anímicos numa cegueira autoexpositiva, e assim lhe faltaram acessos e métodos para tomar parte com sua palavra decisiva em discussões de domínios alheios do saber. Agora, porém, os esforços da psicanálise, iniciados logo após as descobertas de Schliemann, trouxeram a lume restos valiosos, até então desaparecidos e soterrados, do submundo da alma, que nos permitem vislumbres significativos, embora ainda incompletos, no desenvolvimento anímico do homem, como o fazem os achados arqueológicos com relação aos tempos remotos da cultura. Essa comparação se estende não somente à exposição de um material até então desconhecido, mas também à técnica que conduz à sua escavação, assim como à utilização de fragmentos encontrados de uma vida há muito submergida. A psicanálise insere o inconsciente, que jaz oculto sob a fina camada de superfície, em seu devido papel, ao reunir os fragmentos individuais de diferentes valores num quadro geral e ao complementá-los ali onde esse quadro geral é sugerido com base em critérios seguros, a partir de experiências adquiridas alhures. Se a psicanálise foi tão amiúde acusada de trabalhar com hipóteses não comprovadas, é porque se aplica aí uma escala de evidenciabilidade que não lhe é de modo algum devida, sendo essa evidenciabilidade própria a cada domínio científico em particular. Também a arqueologia tem de se servir de princípios heurísticos que, enquanto se mostrarem úteis e esclarecedores, substituem aquelas leis firmemente estabelecidas que só devem ser encontradas no caminho da pesquisa científica e que podem ser modificadas a qualquer momento por meio do material recém-adquirido. Basta isso para justificar a aplicação do ponto de vista psicanalítico num domínio do saber que inerentemente tem tanto em comum, em técnica e percurso, com a "psicologia profunda". Ademais, aquilo que pode ser trazido para o problema da épica popular, a partir de uma perspectiva analítica, é em sua natureza tão genérico e de maneira nenhuma dogmático, que as objeções feitas à metodologia não a alcançam de modo algum. O modo psicanalítico de pensar, que se caracteriza por uma ampla tolerância ante as opiniões distintas e as concepções que contradizem umas às outras, considera como princípio maior a sobredeterminação de todos os fenômenos anímicos, que tem seu correlato numa estratificação do material análoga ao conjunto de fatos arqueológicos. A aplicação de alguns pontos de vista metódicos e de resultados seguros da psicanálise num produto tão eminentemente complicado como são as epopeias populares levará, portanto, a conclusões tão pouco exageradas quanto é firme, em seus resultados até agora, o quadro engendrado pela pesquisa não psicológica da épica, dentro do qual restaram ainda tantos enigmas, que a inserção de nosso saber psicológico não necessita de nenhuma justificação especial.

As elucidações seguintes buscam dar as orientações, necessárias para a nossa investigação, sobre a história da pesquisa e seu atual estado insatisfatório.

* * *

O conceito de épica popular[13] é relativamente recente; remonta a pouco mais de um século, ao tempo dos românticos, que tinham de

13 Neste texto, diferentemente dos outros três, Rank não fornece uma lista de referências bibliográficas, e muitas vezes não chega sequer a indicar os textos

fato tanto estima e apreço pela "arte popular" alemã, e foi originalmente criado para a *Canção dos Nibelungos*, que se tornara pela primeira vez completamente conhecida não muito tempo antes. Quase todos os grandes homens da área da pesquisa sobre os Nibelungos pertencem ao círculo do romantismo, estão próximos a ele, ou se vinculam a ele, e lhes cabe de toda forma o mérito de ter colocado um dos grandes problemas épicos que ainda hoje jaz sem solução, conquanto já tenha sido multiplamente retificado e esclarecido.

A propensão a considerar como "poesia popular" [*Volkspoesie*] certas canções épicas, que inicialmente exibiam uma diferença inconcebível com a épica artística e cujos autores eram desconhecidos ou sujeitos às mais fortes dúvidas, começa na Alemanha[14] com o ensaio de Herder *Homer, ein Günstling der Zeit* [*Homero, um protegido do tempo*] (1795), que com isso deu continuidade à concepção, cara à Inglaterra, de Homero como um "poeta da natureza" (Blackwell, Wood). Se os ingleses, no entanto, haviam estimado a façanha original de um indivíduo notável, Herder, cujas dúvidas sobre a unidade dos poemas homéricos remontam, segundo Haym (II, p. 597 ss.), aos anos 1770, defendia em seu ensaio, publicado no mesmo ano dos concordantes *Prolegomena ad Homerum*, de Wolf, a concepção tão fatídica do surgimento gradual da epopeia homérica a partir da lenda épica por meio de uma poetização artística [*Kunstdichtung*] consumada em uma escola.[15] Essa teoria foi avidamente acolhida e prosseguida pelos poetas românticos, iniciados

---

dos quais está retirando suas citações. Esforçamo-nos por recuperar o máximo possível essas referências, mas muitas delas restaram perdidas [N. T.].

14 Os indianos, contudo, já separavam a épica popular (*itihâsa*) da épica artística (*kavya*) [N. A.].

15 Wolf aventou a hipótese, difundida e defendida por muitos intelectuais da época, de que Homero não foi um *único* indivíduo, e de que seus poemas na verdade foram escritos por vários autores. "Em uma escola" quer aqui dizer que esses autores teriam feito isso de forma *artificial* (*künstlich*), "escolar", por meio de técnicas e artifícios a formar uma "escola" artística [N. T.].

na doutrina estética de Schelling, que enaltece o inconsciente captado de um modo demasiado genérico, enquanto a escola clássica, nas pessoas de Klopstock, Goethe, Schiller, Wieland, Voss, se opôs a uma tal concepção "bárbara" do surgimento de obras de arte tão perfeitas por entre o povo.[16] Com base no fato de a tradição não saber relatar nada de seguro sobre a pessoa do poeta, seria possível atrever-se à mística suposição de que o povo teria composto as canções ou de que elas teriam sido em certa medida "cantadas em conjunto", a si mesmas, no povo (W. Schlegel, W. Grimm, Müllenhoff, W. Müller). A esse processo inconcebível, que ainda hoje assombra cabeças costumeiramente críticas (Erhardt), outros românticos, a saber, Arnim, Görrer, mas também Goethe, contrapuseram o parecer até hoje corrente, segundo o qual essas criações emanam de um único poeta, mas, em virtude de particularidades especiais, foram acolhidas pelo povo e estão sujeitas a diversas alterações no curso da tradição oral.

O que havia de conceder a essa "poesia popular", assim conceitualmente delimitada, a capacidade de ser de tal forma assimilada pelo povo só podia ser o seu fundamento originariamente popular, que J. Grimm detectou no Minnesang[17] da cantiga popular

---

16 Schiller a Goethe: "A propósito, após a leitura de algumas das canções, o pensamento de uma aposição rapsódica de uma origem diferente delas deve necessariamente parecer bárbaro; pois a magnífica continuidade e reciprocidade do todo e de suas partes é uma de suas belezas mais eficazes". Goethe: "Estou convencido, mais do que nunca, da unidade e indivisibilidade do poema... A *Ilíada* aparece redonda e pronta, pode-se dizer o que se quiser, que nada poderá ser retirado dela" [N. A.].

17 É chamada de "Minnesang" uma tradição de escrita musical (e presumivelmente de performance lírica) desenvolvida entre os séculos XII e XIV nas regiões que são hoje a Áustria e a Alemanha. *Sang*, em alto-alemão médio, é o "canto", enquanto *Minne* significa, presume-se, "amor". Trata-se de uma tradição trovadoresca similar, embora não idêntica, à dos *troubadours* da Provença e dos *trouvères* da França [N. T.].

[*Volkslied*], por muito tempo considerado também como uma criação do povo [*Volksschöpfung*] (de acordo com Görrer, a canção de ofício e de andanças da Idade Média tardia), e que jaz escancarado na épica popular [*Volksepos*]. Pois o material da épica provém, no que concerne ao ponto principal, de lendas populares [*Volkssage*], em cuja formação eventos, tradições e interesses nacionais desempenham o papel mais crucial. Por essa via, a partir do inconcebível conceito [*unfaßbaren Begriff*] romântico de épica popular se cristalizou gradualmente um sentido rigorosamente circunscrito, cuja primeira e insuperável formulação nós devemos a Nietzsch,[18] que muito contribuiu para a compreensão do mundo das lendas gregas. No esforço por corrigir a oposição muito destacada entre poesia popular [*Volksdichtung*] e poesia artística [*Kunstdichtung*], ele argumenta:

> *O espírito do povo* [Volksgeist] *forma a lenda e particularmente as imagens dos heróis tribais apenas de forma embrionária; as canções heroicas, porém, são sempre produtos de um talento exímio... O povo se relaciona com elas como o receptor, e a denominação correta não é poesia popular* [Volksdichtung], *mas sim* canção popular [Volkslied], *no sentido de que, narrando a respeito da pré-história própria (não alheia) e universal, até mesmo sua origem e seu objeto advêm do campo da consciência do povo* [Volksbewußtsein]. *(p. 29)*

Também o sutil Rohde quis compreender de forma similar a essência da épica popular ao dizer:

---

18 Assim, no original, sem a esperada letra "e" no final da palavra. O nome "Nietzsch" aparece outras três vezes no ensaio, sempre grafado assim, o que mostra não se tratar de um erro de grafia [N. T.].

> *Acima de tudo, é preciso estar ciente de que nessas poesias nós nos deparamos, a princípio e de forma imediata, apenas com o poeta e com seus associados. Há que nomear "poesia popular"* [Volksdichtung] *a epopeia homérica apenas porque ela é de um tal tipo que o povo, o povo todo de língua grega, a acolheu de boa vontade e pôde convertê-la em sua propriedade, não porque o "povo" tivesse tomado parte de sua criação, de alguma forma mística. Muitas mãos atuaram em ambos os poemas, todas, porém, na direção e no sentido que lhes deu não o "povo" ou "a lenda", como certamente se ouve assegurar, mas sim o poder do maior gênio poético dos gregos e possivelmente da humanidade, e a tradição da sólida associação de mestres e aprendizes, a qual conservou, propagou, continuou e imitou a sua obra. (p. 38 ss.)*[19]

Da mesma forma, também para Niese as grandes epopeias não foram criadas nem pelo povo, nem para o povo. E mesmo recentemente Bethe[20] se expressou no mesmo sentido:

> *A poesia homérica certamente não é nenhuma poesia do povo* [Volkspoesie], *nem criada ou cantada pelo povo, nem composta para o povo, mas é, antes, uma*

---

19 Erwin Rohde (1845-1898) foi um filólogo clássico alemão. Rank refere-se à sua obra, publicada em 1894, *Psyche: Seelencult und Unsterblichkeitsglaube der Griechen* [*Psiquê: culto das almas e crença na imortalidade dos gregos*] (Mohr) [N. T.].

20 Erich Bethe (1863-1940) foi um filólogo clássico alemão. Aparentemente, Otto Rank cita a sua tradução (com introdução, comentários e estudos) da *Odisseia*: Bethe, E. (1922). *Homer. Dichtung und Sage. Zweiter Band: Odyssee, Kyklos, Zeitbestimmung* [*Homero. Poesia e lenda. Segundo tomo: Odisseia, ciclo, determinação temporal*]. Verlag B. G. Teubner [N. T.].

> *arte* [Kunst] *muito ponderada e refinadamente desenvolvida, que se volta para o que é aristocrático, festeja reis e cavaleiros e pouco se importa com o povaréu. Mas, no sadio antagonismo contra aquela representação romântica do povo que poetiza, não se deve levar tão longe a oposição... O que eles (os ricos) cantavam era compreensível também para o povo. E este sempre gosta de ouvir sobre reis e eventos estremecedores... Ele se revitaliza com o fulgor e a magnificência que não possui, se entusiasma com atos heroicos intrépidos que gostaria de ter feito, se alegra com prodígios e monstros e perigos distantes que jamais viu. (p. 5)*

A essa concepção plausível, porém, se liga um segundo grande problema, ou melhor, uma série deles, que conduzem às questões mais importantes para a compreensão da épica popular [*Volksepos*]. Se a épica popular não é nem uma criação do povo, mas sim de indivíduos singulares, nem a princípio destinada para o povo, mas, como é geralmente reconhecido, para as cortes principescas, e portanto este é o único material que pode reivindicar o predicado "popular" [*volkstümlich*], então se coloca, antes de tudo, a pergunta pelo tipo e conteúdo dessa fonte, nascente no povo, da poesia épica. Para essa investigação, a épica nacional germânica, nas canções menores que a antecediam e tratavam do mesmo material, oferecia uma grade vantagem sobre a épica grega, que emergiu aparentemente de forma inteiramente imediata e singular; essa vantagem, todavia, era um obstáculo a um entendimento correto, na medida em que induzia a apressadas conclusões universais, que tiveram de ser retificadas apenas posteriormente, por meio de pesquisas individuais pormenorizadas. À primeira vista, parecia que a lenda heroica nacional havia originalmente sido transmitida em canções ou romanças singulares, de cuja reunião teria surgido a épica a resumir os diferentes círculos de lendas. Essa transição da canção heroica fechada até a épica padronizada era pensada ou no sentido do romantismo mais recente, enquanto uma confluência desintencional e inconsciente das canções que circulavam na linguagem popular [*Volksmund*] e que se tocavam no que concerne ao material, ou no sentido do romantismo mais antigo, como uma façanha artística consciente e intencional. Karl Lachmann, um dos fundadores da germanística, deve ser considerado o representante mais extremo dessa segunda direção, cientificamente a única compreensível, que contrapõe à misteriosa autoprocriação dos cantos [*Gesänge*] épicos uma sóbria justaposição – poder-se-ia mesmo dizer somação – de canções [*Lieder*] singulares. Sua conjectura, que se desenvolvera e se alterara em constante contato com as ideias românticas (Körner), culmina no fato de a montagem das canções que tratam de episódios lendários singulares ocorrer de forma mecânica por meio de um "ordenador" ou "compilador" que, ali onde há necessidade, tapa as lacunas do contexto com estofamentos.[21] De acordo com isso, as canções antigas teriam sido incorporadas quase inalteradas na épica e deveriam poder ser eliminadas novamente; um trabalho a que Lachmann inclusive se submeteu para dar apoio à sua teoria, sem ser convincente, contudo, devido ao seu método predominantemente subjetivo. Na virulenta disputa literária a favor e contra essa "teoria da compilação", cujas fases singulares hoje podem reivindicar apenas um interesse histórico-literário, as ponderações, objeções e refutações se condensaram tanto que na verdade apenas a importância já antes assumida das canções como fonte de material para a poesia épica permaneceu, e a logomaquia artificial [*künstlich*] entre poeta e ordenador foi eliminada pela introdução de um redator ou poeta elaborador, que em última análise deu um sentido aceitável também para o

21 *Füllsel*, no original, que pode denotar tanto material sólido para enchimento de buracos em paredes, muros etc., quanto material linguístico para enchimento de buracos em textos [N. T.].

desempenho finalizador de *um* homem, tal qual pressuposto por Lachmann. Se o sentimento puramente estético, ao qual Lachmann acreditava poder apelar para iniciar sua crítica, resistira com razão à sua mecanização da criação artística, razões factuais de natureza positiva e negativa privaram completamente sua concepção de qualquer justificativa. Afinal, Lachmann era forçado a eliminar partes maiores ou menores de dentro de suas canções singulares, que ele muito frequentemente tinha de colher primeiramente no texto já existente, e a considerar as porções assim adquiridas como segmentos de um todo distinto e maior. Hoje essa hipótese em si mesma contraditória, que apenas alimentava a imagem obscura da poesia popular [*Volkspoesie*], pode ser vista como completamente descartada, conquanto isso não deva diminuir seu mérito, o de ter dado estímulos para discussões posteriores e esclarecedoras. Mostrou-se que a perspicácia de Lachmann, como já J. Grimm havia pertinentemente reconhecido, se dirigira de antemão à crítica da épica com a exigência injustificada de uma perfeição lógica grande demais; pois, como Bethe reenfatizou recentemente, nós não temos nenhum direito "de esperar da *Ilíada* ou da *Odisseia* uma obra absolutamente uniforme, que satisfaça aos mais altos requisitos tanto da poesia quanto da lógica" (p. 54). Ademais, as canções destacadas mostraram-se em muitos aspectos fundamentalmente diferentes das canções populares [*Volksliedern*] já existentes, às quais elas deviam ser idênticas; sim, elas inclusive apresentaram em si mesmas contradições, ao passo que haviam sido eliminadas precisamente por conta de seu conteúdo, que as contradizia umas às outras. E, por fim, a formação da epopeia apresentou um número de cantos que eram compreensíveis somente enquanto poesia para os objetivos da epopeia coesa e, devido à sua natureza, jamais puderam ser possíveis enquanto canções individuais; sua redação, porém, ultrapassava em muito o grau de independência admissível para um "compilador", e com isso elas pressupunham a elaboração metódica de um poeta. Em complemento a isso, em tentativas recentes e passíveis de controle, feitas por homens dotados e versados na tradição popular, de formar um poema nacional coerente a partir de cantos [*Gesängen*] individuais a circular pelo povo, encontrou-se a prova direta de que nenhum diascevasta[22] poderia ser capaz de concatenar canções isoladas em uma unidade orgânica (Krohn). Os empreendimentos de Machpherson, Avenarius, Kreutzwald e Lönnrot – que mesmo em sua estimativa científica só podem ser vistos do ponto de vista poético como façanhas altamente artificiais [*künstlich*] e nem um pouco populares – de formar um todo a partir das dispersas canções populares escocesas, russas, estonianas e finlandesas, respectivamente, são testemunhos por demais contrários ao modo não psicológico de pensar de Lachmann.

Com a ruína dessas suposições, no lugar da transição em última instância imediata da canção à épica, abria-se o caminho para a concepção de uma diferença essencial entre essas duas formas de arte, que o faro psicológico de Steinthal já havia pressentido e que recentemente Ker e Heusler, em seguida, demonstraram em valiosas investigações individuais. Pois é de todo inegável que o material da canção coincide em muito com o da épica, mas também resulta da escassez do estilo e da limitação fechada do material, que caracterizam a canção, que de forma alguma a transição para a épica pode ter ocorrido mecanicamente, mas só pode ser compreendida como um processo orgânico, feito "por meio da reordenação e compenetração do antigo material" (Steinthal), como também Nietzsch havia dito, ou, como Heusler o exprime, por meio da sua "tumefação". Hoje, a maioria dos pesquisadores modernos fica nesse ponto de vista intermediário, de acordo com o qual as canções

---

22 *Diaskeuast*, no original, palavra rara, equivalente ao nosso "diascevasta". Ambos os termos derivam do grego διασκευαστής, que na Grécia antiga designava o profissional cuja função consistia em verificar a autenticidade de manuscritos, sobretudo os manuscritos *homéricos* [N. T.].

heroicas, que antecedem a épica em séculos, formam as fontes materiais a partir das quais uma personalidade poética talentosa dirige para um novo e uniforme leito a correnteza de lendas, que jamais seca no povo. Com isso, ao mesmo tempo é enfatizado que essa façanha metodicamente padronizadora só pode ser essencialmente a obra de um homem de magnífico talento, "que encontrou as peças essenciais de seu trabalho em poemas épicos previamente existentes e elaborou o que podia utilizar, até que fosse adaptado à grande obra" (Finsler, p. 33).[23] Pöhlman e Rohde já haviam estimado o gênio poético de Homero de maneira similar, e a eles se juntou recentemente, além de Finsler, também Erich Bethe (p. 308). Segundo Heusler, ainda há espaço bastante dentro do amplo estilo épico para inserção, continuação, reelaboração e enlace. O que obstaculizou por muito tempo e obstinadamente o reconhecimento desses fatos aparentemente simples foi a tentação de fazer do poeta épico o criador não só da forma do poema, mas também de seu conteúdo, tal como Aristarco havia presumido de forma totalmente ingênua, mas que mesmo Niese buscou demonstrar cientificamente. Essa negação completa de um tesouro de lendas assumido pelo poeta e independente dele, que Mülder recentemente voltou a adotar, vai definitivamente longe demais na ênfase do desempenho individual, embora não se possa negligenciar que essa concepção, que vislumbra no poeta uma encarnação do povo poetizante e que não é capaz de separar o conteúdo da poesia da sua forma, é a que chega mais próximo ao ponto de vista da psicologia individual e lhe fornece a mais extensa área de conexão. Se essa concepção parece retornar ao ponto de vista acrítico da Antiguidade, para quem não havia nenhuma questão homérica, já que se sustentava quase unanimemente e sem objeções que as grandes epopeias, a *Ilíada* e

---

23 Georg Finsler (1852-1916) foi um filólogo clássico suíço. Rank parece referir-se aqui, e noutras citações, ao seu livro de 1915 intitulado *Die homerische Dichtung* [*A poesia homérica*] (Teubner) [N. T.].

a *Odisseia*, eram obra de um único poeta (Homero), é porque no fundo todas as hipóteses de origem apresentadas para resolver as dificuldades críticas se baseavam na mesma pressuposição, de que o poeta dos eventos troianos teria tomado o seu material já pronto. Mas como a crítica moderna de Homero acreditava poder atribuir ao poeta apenas uma façanha formal, ela era obrigada a colocar a unidade inegavelmente já existente do enredo épico na própria lenda, em vez de na poesia, e incorria assim novamente no perigo de volatizar a produção material propriamente dita na misteriosa produção do povo [*Volksschöpfung*].

A possibilidade para esse deslocamento de ponto de vista jazia na sensação, no fundo completamente correta, de que são necessários, além de uma personalidade genial, ainda outros fatores para uma criação tão poderosa como é a épica popular. Também Steinthal captara essa questão a princípio de modo psicológico, ao recorrer para fins de comparação a outros povos, como os sérvios, os finlandeses, os russos, entre os quais ainda hoje é cultivado o canto heroico, e ao se questionar por que nesses povos não ocorreu espontaneamente a formação de uma extensiva epopeia popular. Achou explicação para isso em que uma elaboração poética das antigas lendas no novo estilo tem lugar apenas em séculos de *importantes e genéricos revolvimentos populares*, que *grandes migrações e destinos da nação* pertencem às condições essenciais para uma grande epopeia e que aos povos citados teriam faltado precisamente os acontecimentos históricos adequados para a formação da épica. A esse ponto de vista altamente significativo, que já J. Grimm (1813) havia insinuado ao dizer ser necessário para a epopeia um ato histórico que enchesse de vida o povo e em que as lendas divinas pudessem assentar-se, nós teremos de retornar, quando formos avaliar as relações meramente indicadas nesses ditos, mas ainda totalmente inexplicadas, dos acontecimentos históricos atuais com os passados em sua importância psicológica.

Para a épica popular germânica, o fundamento histórico e sua interpretação correspondente foram reconhecidos e formulados de forma clara pelo historiador Johannes v. Müller (1783), que havia captado um dos principais problemas épicos com perspicácia genial. Ele foi seguido pela maioria dos românticos, sobretudo por von der Hagen, W. Grimm e Wilhelm Schlegel, que não puderam, todavia, separar as parcelas exercidas pelo mito, pela história e pela fantasia poética na configuração da épica, uma tarefa que ainda hoje, por falta de critérios apropriados, apresenta as maiores dificuldades e para cuja superação nós queremos tentar fornecer uma contribuição psicológica. No todo, o arranjo da ideia expressa por J. v. Müller de um núcleo histórico na épica popular, à maneira dos românticos, nomeadamente os irmãos Grimm[24] e Schlegel, pertence aos resultados mais valiosos e seguros da pesquisa dos românticos sobre os Nibelungos, que souberam manter-se livres de certas exagerações evemeristas[25] (Göttling). Em contraste com isso, nesse mesmo campo se introduziu furtivamente e se fixou um erro fatídico, que deu origem a uma série de mal-entendidos e de controvérias supérfluas. A mais antiga história que havia de estar na base da épica popular não fora naturalmente transmitida em

24 Já citados anteriormente por Rank, Jacob (1785-1863) e Wilhelm (1786-1859) Grimm foram dois irmãos que tiveram enorme importância nos estudos linguísticos, folclóricos, etimológicos, e mesmo na filosofia romântica, no séc. XIX. Além de terem dedicado anos compilando contos de fadas e outros contos populares (o que culminou na publicação em 1812 dos *Contos de Grimm*, até hoje lidos e admirados), eles elaboraram o projeto colossal do *Deutsches Wörterbuch* ("Dicionário alemão"), cuja publicação se iniciou na década de 1850 e só foi concluída na década de 1960. Os estudos e textos dos irmãos Grimm foram essenciais para a formulação romântica do conceito de *Volk* ("povo"), um dos eixos do texto de Rank [N. T.].

25 Evêmero foi um escritor e hermeneuta grego, da época helenística. Evemerismo foi o nome dado à corrente histórica de que Evêmero foi o fundador, segundo a qual as divindades seriam na verdade seres humanos divinizados por serem admirados, venerados ou temidos [N. T.].

documentos e fontes e delas retirada, mas fora propagada por séculos na forma de lendas populares. Muito embora as canções do antigo alemão, do antigo dinamarquês e da Edda, que tratam do material dos Nibelungos e da lenda de Siegfried, fossem aptas a mostrar claramente como, do tesouro de lendas vivo no povo, ora esse, ora aquele pedaço fosse capturado numa ou noutra forma, e que a lenda, portanto, não tinha de ser idêntica com o "canto do povo" [*Volksgesang*], Jakob Grimm e após ele vários outros cometeram o grave erro de equiparar lenda com lenda reconfigurada, isto é, com a épica, ou mesmo de confundi-las entre si, e assim fizeram coincidir a antiga história revestida de lendas com a antiga poesia. Isso também explica a opinião enganosa segundo a qual a épica foi feita pelo povo, que no máximo pode estar correta, em certo sentido, para seu estágio preliminar inicialmente independente, a formação de lendas.

Enquanto os românticos foram induzidos, com base no conteúdo lendário da epopeia nacional [*Nationalepos*] germânica, à suposição de que o poema mesmo havia sido gerado pelo povo inteiro, ao mesmo tempo uma direção de pesquisa, partindo de pontos de vista puramente externos e formais, chegou a uma concepção muito similar do surgimento da epopeia nacional grega, que parecia apoiar significativamente, de um outro lado, o resultado da pesquisa sobre os Nibelungos da maioria dos poetas envolvidos na épica. No mesmo ano do ensaio de Herder, mas antes dele, apareceram os *Prolegomena ad Homerum* (1795) de Friedrich August Wolf, fundadores de fato da crítica "dissolutiva" de Homero,[26] que – embora não de todo original[27] – alcançaram poderosa influência e grande notoriedade enquanto a expressão perfeita do

---

26 *Auflösende Homerkritik*, no original. Expressão que parece designar uma atividade crítica a dissolver ou desfazer (*auflösen*) a figura unitária de Homero [N. T.].

27 Já antes d'Aubignac (1715) havia defendido o mesmo ponto de vista [N. A.].

ponto de vista de toda a sua época. Wolf partira das numerosas contradições, irregularidades e inconsistências nos poemas homéricos, em especial na *Ilíada*, e com isso dera prosseguimento à tradição crítica tardia da Antiguidade. Entretanto, enquanto os antigos gramáticos, pressupondo tacitamente a unidade do poeta e da poesia original, haviam remetido as inconsistências a incisos de posteriores "interpoladores" e se haviam esforçado para corretamente reconhecê-los e eliminá-los (através de atéteses),[28] Wolf acreditou dever negar também a unidade inicial da poesia. Baseado na suposição de que o uso da escrita na Antiguidade grega surgiu muito depois do surgimento dos poemas homéricos, Wolf concluiu que, já que a concepção, execução e transmissão[29] puramente mnemônicas de epopeias tão grandes pareciam inadmissíveis, originalmente apenas uma série de curtas canções singulares foi concebida pelos cantores em sua mente, as quais foram difundidas adiante, oralmente, por meio de escolas de rapsodos. Nisso, elas teriam necessariamente passado por alterações e acréscimos, teriam sido providas, em sua posterior fixação por escrito, com incisos niveladores, melhoradores e aumentativos, e por fim teriam sido reelaboradas literariamente por uma crítica treinada. Os menores cantos [*Gesänge*] provenientes de vários redatores, dos quais a *Ilíada* e a *Odisseia*, dessa forma, deveriam ter surgido, teriam sido reunidos, portanto, não por um único poeta, Homero, mas o surgimento das duas grandes epopeias seria na verdade devido aos contínuos esforços de muitos, e sua configuração definitiva e sua

---

28 *Athetesen*, no original. Advém do grego ἀθέτησις, que significa a retirada ou rejeição de um trecho apócrifo de um texto em questão. Costumava-se denominar tais trechos apócrifos de "interpolações" [N. T.].

29 *Überlieferung*, palavra que geralmente se traduz por "tradição". Ela significa o ato de legar, de transmitir algo para gerações posteriores. Esse termo e afins aparecem muito no ensaio de Rank, e nós optamos por vertê-los por "transmissão" ou "legado", a depender do contexto, já que Rank também emprega o termo *Tradition* [N. T.].

fixação se teriam dado numa época avançada, que Wolf estabelece como o período relativamente tardio do tirano ateniense Pisístrato (cerca de 550 a.C.), retomando nisso as tradições da Antiguidade. Mas, assim como a teoria da compilação de Lachmann, baseada nas opiniões de Wolf, suas próprias asserções sobre o surgimento gradual dos poemas homéricos através de um grupo treinado de cantores não foram capazes de fazer face à crescente crítica a que, de toda forma, haviam resistido por tanto tempo e tão obstinadamente. Não foi a impulsiva objeção de nossos poetas clássicos, dos quais a maior parte se manteve contrária ao parecer de Wolf, mas somente os esforços mais intensos da crítica científica que conseguiram enfraquecer as pressuposições e as consequências da concepção do surgimento gradual dos poemas homéricos a partir da poesia dos aedos, de tal forma que todas as asserções de Wolf se tornaram hoje insustentáveis. Em primeiro lugar, falam contra elas todas as ponderações e objeções que põem em questão a possibilidade de uma transição direta entre canção e épica. Aos argumentos já aduzidos, junta-se aqui um outro. Os aedos que aparecem nos próprios poemas homéricos, nos quais haveria presumivelmente uma representação do modo costumeiro de declamar à época do poeta, portam o caráter da poesia pré-homérica e mostram nitidamente, segundo as explicações de Finsler (p. 236), que as canções eram *cantadas* com acompanhamento do alaúde, enquanto a épica é redigida em elaborados [*kunstvoll*] versos *falados*, que pressupõem necessariamente uma transformação e uma reconfiguração do material.[30] Além disso, os cantores homéricos declamam poemas prontos, e portanto estão já bem distantes do período do canto heroico improvisado, provado para o caso dos finlandeses, servos e russos, e que Wolf alega para os poemas homéricos.

---

30 A propósito, de modo similar na *Canção dos Nibelungos* o oposto de "cantar" é "dizer" (recitar) [N. A.].

> *As teorias de Homero, poeta da natureza, e da poesia popular homérica não são aplicáveis para as nossas epopeias... Muito antes do surgimento da* Ilíada, *a poesia de cunho artístico* [kunstmäßig] *se havia apoderado totalmente do material e não se satisfazia em enfileirar velhas canções e combiná-las por meio de redação. (Finsler, p. 236)*

Na mesma direção aponta também o caráter da *linguagem* [*Sprache*] homérica, que, tal qual é encontrada nos poemas, nunca e nenhures pode ter sido falada [*gesprochen*] pelo povo, mas se revela, através de sua mistura de diversos elementos, a saber, eólios e jônios, como uma linguagem artística [*Kunstsprache*] convencional, propositalmente formada, "para não dizer linguagem escrita [*Schriftsprache*]" (Bergk, I, p. 462),[31] "que os rapsodos teriam primeiro de aprender" (Wilamowitz, H. U., p. 292).[32] Um outro argumento derivado da pesquisa sobre dialetos, em pró de uma transmissão originalmente apenas oral dos poemas homéricos, revelou-se como infundado. Como Bentley[33] (1713) parece ter sido o primeiro a observar, na linguagem [*Sprache*] épica se reconhecem traços de um fonema já obsoleto, o assim chamado digama, o que

---

31 Theodor Bergk (1812-1881) foi um filólogo alemão, especialista em poesia grega clássica. Rank parece referir-se, aqui, ao primeiro volume de sua obra, de 1872, *Griechische Literaturgeschichte* [*História da literatura grega*] (Weidmannsche Buchhandlung) [N. T.].

32 Ulrich von Wilamowitz-Moellendorff (1848-1931) foi um filólogo clássico alemão de origem polonesa. "H. U." é sigla usada por Rank para se referir ao livro *Homerische Untersuchungen* [*Investigações homéricas*], de 1884 (Weidmannsche Buchhandlung) [N. T.].

33 Richard Bentley (1662-1742) foi um acadêmico inglês, conhecido como um dos fundadores da filologia moderna. Suas pesquisas constituem marcos na crítica textual e no estudo comparativo de textos, sendo importante, para a questão homérica, a "descoberta" do digama, como diz Rank. Não conseguimos recuperar o texto exato em que ele comunica essa descoberta [N. T.].

induziu Giese e outros após ele à opinião de que os poemas só poderiam ter sido transcritos depois que os jônios houvessem já deixado de falar [*sprechen*] o digama. Caso contrário, dever-se-ia presumir que, num determinado momento, havia ocorrido uma transferência altamente improvável dos dois grandes poemas de um dialeto mais antigo para um mais novo. Em contrapartida, Volkmann[34] (p. 212 ss.) destacou a probabilidade igualmente legítima de que o digama não fosse marcado desde o princípio nos poemas homéricos, isto é, que esse fonema houvesse desaparecido anteriormente da língua [*Sprache*] dos jônios. A suposição de uma possível transferência dos poemas homéricos de um dialeto mais antigo para uma forma linguística [*Sprachform*] mais nova, que Giese supunha ser improvável, foi efetivamente feita posteriormente, a fim de superar diferentes dificuldades dialéticas na épica, por Fick, que queria provar, por meio de tentativas de restauração, que a épica eólia originalmente localizada em Esmirna se deslocou para Quios à época em que o Estado se tornou jônio, e que ali ela teria sido traduzida palavra por palavra ao jônico, a menos que dificuldades métricas ou linguísticas [*sprachlich*] tornassem necessária a manutenção das formas antigas. Essa linguagem mista [*Mischsprache*] artística, surgida dessa forma, ter-se-ia tornado então a linguagem [*Sprache*] da épica posterior. Mas, se fosse possível deduzir dos eolismos na linguagem [*Sprache*] homérica uma épica redigida originalmente no dialeto eólico, então a conclusão, que Aristarco fizera de modo ingênuo, permitiria presumir também um Homero ático com base nos aticismos; nesse caso, os componentes jônios novamente deveriam ter sido introduzidos de um

34 Richard Volkmann (1832-1892) foi um filólogo clássico alemão. Rank se refere aqui ao seu livro, de 1874, em resposta a Wolf: *Geschichte und Kritik der Wolfschen Prolegomena zu Homer: ein Beitrag zur Geschichte der Homerischen Frage* [*História e crítica aos Prolegomena a Homero de Wolf: uma contribuição à história da questão homérica*] (Teubner) [N. T.].

modo artificialmente [*künstlich*] antiquado. Essas tentativas mecânicas de esclarecer a linguagem homérica mista, inegavelmente existente, permaneceram insatisfatórias e encontraram um outro esclarecimento, mais plausível, especialmente desde a brilhante refutação de Wilamowitz da hipótese da transcrição.

Assim, não podendo a participação dos rapsodos, que sem dúvida alguma haviam recitado os poemas homéricos durante séculos, ser tão significativa e da forma que Wolf pressupunha para o edifício de suas hipóteses, o exame crítico das próprias tradições em questão revelou que não se podia provar de forma alguma, dada a espécie dúbia e incerta da tradição rapsódica (Volkmann, pp. 127, 136), uma influência a apontar para a configuração presente da épica homérica. Entretanto, a única prova exitosa nesse âmbito, que devemos a Nietzsch, solapa inteiramente os pressupostos de Wolf: aquilo que de fato foi legado sobre os rapsodos, ou especialmente sobre os homéridas que transmitiam as duas grandes epopeias, relaciona-se com um período (um pouco antes de Solon) em que os poemas homéricos deviam estar prontos havia muito tempo, de forma que a equiparação de Wolf dos rapsodos com os cantores homéricos se tornava inválida. O que permanecia era a plausibilidade de que inicialmente cada poeta havia "rapsodizado" suas próprias criações – como pôs exitosamente à prova Wilhelm Jordan, em nosso tempo, com a sua epopeia dos Nibelungos –, de que posteriormente um próprio grupo de rapsodos declamava de memória também os poemas de outros, de que, numa palavra, rapsodos e homéridas[35] desde um período longevo não eram nada além de cantores profissionais da poesia homérica. Assim como ocorreu com o papel extenso que Wolf queria atribuir à escola de rapsodos, também a importância que ele imputava, em

35 Os "homéridas" eram um grupo de rapsodos de Quios que clamavam ser descendentes diretos de Homero [N. T.].

seu sistema, à edição *pisistrática*[36] foi reduzida a um mínimo. Descobriu-se que o pressuposto fundamental para a crítica dissolutiva de Homero, a postular que o primeiro registro sumarizante dos poemas homéricos fora feito por Pisístrato, era inválido, pois "a *Ilíada* e a *Odisseia* são notoriamente mais antigas, em sua forma, do que Pisístrato" (Wilamowitz, H. U., p. 255). Os partidários de Wolf logo entraram num acordo, com uma concepção intermediária segundo a qual os poemas, originalmente propagados de forma oral, já haviam sido registrados antes das Olimpíadas, mas sua unidade foi "cantada aos pedaços"[37] pelas declamações rapsódicas e apenas restabelecida por Pisístrato (Volkmann, p. 205). Posteriormente, teremos de examinar a justificação dessa concepção intermediária, assim como a opinião, divergente dela, de Wilamowitz, para quem o fato subjacente à edição pisistrática é o resultado de um processo histórico gradual, e não de uma única pessoa ou de um ponto determinado do tempo.

A esses testemunhos externos, que se expressavam contra a construção de poemas tão grandes e unitários por um grupo de cantores a dar continuidade à composição de um modo estranhamente uniforme por séculos, e contra a configuração definitiva de uma obra de arte tão perfeita por meio de um decreto estatal, juntavam-se razões internas de natureza igualmente grave, que gradualmente solaparam a crítica arrogante e superior. Apesar das tensas contradições e irregularidades dentro da épica homérica, a sua forte unidade de forma e conteúdo não podia ser ignorada nem negada. Não apenas o leitor imparcial, e ainda mais o ouvinte

36 Segundo Pausânias, escritor do século II e autor da *Descrição da Grécia*, para quem os poemas homéricos tiveram uma longa e gradual gestação, eles haviam sido compilados e editados pela primeira vez em sua inteireza durante o reinado do tirano Pisístrato (no século VI a.C.) [N. T.].

37 *Zersingen*, no original, que designa o ato de quebrar algo (vidro, cristal) com a voz [N. T.].

ingênuo se sentiam agarrados pelo poder dessas poesias enquanto obras de arte fechadas, mas também os próprios críticos não precisavam dos seus opositores para lhes indicar que toda a perspicácia não era capaz de desintegrar essa unidade interna. Não tendo a Antiguidade inteira até Aristóteles, e para além dele até o período imperial tardio, manifestado – à exceção das interpolações – nenhuma dúvida sobre a unidade da forma e do autor, malgrado os pormenorizados estudos críticos, estéticos e linguísticos dos poemas, o próprio Wolf, o fundador da crítica dissolvente de Homero, teve de confessar "que também para ele havia momentos em que, esquecendo os motivos históricos, podia ler Homero à maneira antiga e aprofundar-se na rica correnteza dessa maravilhosa poesia, e assim tudo lhe aparecia, à exceção das exíguas interpolações, como algo monolítico e autenticamente homérico" (Volkmann, p. 69). Nas cartas a Heyne, Wolf aponta "como o fio de eventos e ações prossegue igual e ininterruptamente ao longo das duas obras". Pelo Homero unitário, intercederam ainda Gladstone (1868),[38] Hermann Grimm e com especial ênfase K. Fr. Hermann,[39] que em suas conferências sobre a cultura argumenta:

> *À exceção das interpolações, jaz na base, tanto da concatenação como um todo quanto dos símiles, um espírito poético tão autêntico, que mesmo as numerosas*

---

38 William Ewart Gladstone (1809-1898) foi um político britânico, tendo servido por doze anos como Primeiro-Ministro do Reino Unido, que também quis dar sua contribuição à "questão homérica". Rank parece fazer referência ao seu livro *Homer* ou à sua obra, em três volumes, *Studies on Homer and the Homeric Age* [*Estudos sobre Homero e a era homérica*], publicada pela primeira vez em 1858 (Oxford: Oxford University Press) [N. T.].

39 Karl Friedrich Hermann (1804-1855) foi um acadêmico e antiquário alemão. Rank parece citar o primeiro volume de sua obra: Hermann, K. F. (1857) *Culturgeschichte der Griechen und Römer* [*História cultural dos gregos e romanos*]. Göttingen: Vandenhoek und Ruprecht's Verlag.

> *discrepâncias nos detalhes não nos devem enganar quanto à vocação poética e à grande personalidade do homem que fundiu, na* Ilíada, *as memórias mais magníficas de sua raça na unidade de um quadro vívido, ao mesmo tempo em que deu o incentivo para o tratamento similar das lendas restantes do povo grego com a liberdade completa da fantasia poética. (I, p. 92)*

Das vozes mais recentes, merece especial menção a de Erich Bethe, que vê na *Ilíada* e na *Odisseia* unidades indivisíveis, nas quais impera a vontade metódica de um artista.

> *Tanto a* Ilíada *quanto a* Odisseia *transcorrem num único passo, sem pausa e sem corte do primeiro ao último verso. Não há nenhuma seção que não tenha relação com a antecedente, que não permaneceria incompreensível sem ela, não há quase nenhuma passagem que não seja ligada à antecedente por meio de uma sentença qualquer, mesmo que apenas por uma partícula. (p. 11)*

A fim de reconciliar a elevada unidade artística dos cantos homéricos, admitida em tais afirmações – e de novo reconhecida hoje universalmente pelo juízo de peso da maioria dos melhores autores –, com os elementos estorvadores, repreendidos com razão pela crítica, desenvolveu-se a "teoria da expansão", já sugerida por Wolf, segundo a qual um núcleo originalmente uniforme e pré-existente, a assim chamada "Ilíada originária" [*Urilias*] ou "Odisseia originária" [*Urodyssee*] – cujo conteúdo era respectivamente a ira de Aquiles e o retorno de Odisseu –, teria crescido em constante expansão até a sua extensão definitiva. Essa concepção, que foi proferida pela primeira vez por Gottfried Herrmann e defendida por numerosos outros autores, mas igualmente modificada (Kirchhoff, Wilamowitz) em variadas maneiras, notavelmente para a forma mais fechada da *Odisseia*, já havia sido vista por Grimm como necessária para a *Canção dos Nibelungos*, quando ele concluiu, da unidade da fábula, que além das canções individuais também deveria ter existido antes um poema mais abrangente. "A canção, diz ele, caso fosse composta meramente de partes individuais, jamais teria alcançado uma tal unidade da fábula, uma tal regularidade do prolongamento da extensão uniforme". Na disputa pelas diversas variantes dessa opinião intermediária, os "fanáticos da interpolação", para quem os poemas se desfaziam numa colcha de retalhos, finalmente cederam à teoria da expansão, igualmente chegada a um ponto de vista extremo, que, numa espécie de autoapresentação, cada vez mais intumescendo o "núcleo" original e diminuindo as poesias adicionais [*Zudichtungen*], teve de renunciar ao ato de retirar as camadas de uma poesia originária [*Urdichtung*] e se contentou com presumir que os poemas representavam a última fase de um longo e persistente tratamento poético do material. E, dado que também as tentativas de retirar as camadas de outras dessas maiores epopeias originárias [*Urepen*] – nas quais agora se pensava, em vez das pequenas canções – foram levadas *ad absurdum* através dos resultados mutuamente contraditórios dessa "pesquisa pelas fontes" (p. ex. Seeck), amiúde espantosamente audaz, reconheceu-se finalmente "que não havia absolutamente nenhum motivo para empreender uma tal separação" (Belzner, II, p. 244).[40] Pois ao fim e ao cabo a teoria das canções e a teoria da expansão se revelaram apenas como modificações irrelevantes da concepção unitária, por deslocarem para o fim o produto uniforme, que para esta está no início. A crítica de Homero foi levada à morte especialmente pela *Odisseia*, que é testemunha da mais elevada compreensão artística.

---

40 Rank cita aqui, e mais adiante, cada um dos volumes de Belzner, E. (1912). *Homerische Probleme* [*Problemas homéricos*]. Teubner [N. T.].

Afinal, uma autoridade nesse domínio poderia asserir que todas as questões homéricas não teriam sido possíveis caso a Antiguidade nos houvesse legado apenas esse único poema de Homero.

Mas também na avaliação das contradições e discrepâncias que não podem ser negadas, das quais haviam partido tanto a crítica dos antigos quanto Wolf, uma concepção mais amena e mais sensata gradualmente se fez valer. No lugar dos esforços anteriores de eliminar essas aparentes falhas por meio de supressões e comentários, emergiu a exigência de explicar sua origem, que havia levado à aceitação das teorias acima discutidas sobre a épica popular. Aos empenhos de críticos individuais em usar sua perspicácia na detecção de tais passagens fracas, opuseram-se apreciações estéticas e psicológicas que mostraram, múltiplas vezes, que o poeta era muito superior aos seus juízes e que ele havia criado quer com motivação psicologicamente refinada, quer com despreocupação artística ali onde um intérprete insensato esperaria um detalhismo palpável e pragmático.[41] Assim, podia ocorrer ainda na Antiguidade que se procurasse, induzido por uma compreensão insuficiente do texto, melhorar a poesia, mas dessa forma só se introduziam diretamente dificuldades e obscuridades, como já o havia reconhecido Aristarco, em muitos pontos o precursor direto das opiniões modernas, atuante em Alexandria na primeira metade do século II. Dispensando tal farejamento superastuto por contradições e a sua superestimação, crescida no terreno das diferentes teorias da épica popular, sobram apenas pequenas discrepâncias singulares no espaço, tempo e circunstâncias acidentais, que são ainda menos chamativas ao ouvinte do que ao leitor (Christ, p. 25; Volkmann, p. 153) e que não são suficientes como ponto de partida para a mais elevada crítica, conducente a conclusões amiúde por demais

---

41 *Nüchtern*, no original, adjetivo que pode significar tanto "pragmático, racional, sóbrio" quanto "insípido, prosaico, sem graça" [N. T.].

audazes. Assim se explica por que as pressuposições e hipóteses exigidas pela maior parte das teorias parecem muito menos aceitáveis do que as dificuldades que elas desejam explicar e que poderiam ser ignoradas com meios mais simples de informação, caso não se partisse já com o objetivo de encontrar provas para determinadas teorias. Frente ao assédio da crítica erudita, só mais tarde se notou que igualmente poesias artísticas [*Kunstdichtungen*], cujo autor é sem dúvida unitário, não estão totalmente livres de contradições. O *Fausto* de Goethe, que Lehrs foi o primeiro a fazer lembrar aos pesquisadores de Homero, talvez não possa provar nada enquanto fenômeno singular, muito embora seja precisamente essa poesia a que mais chega perto do suposto processo de formação da épica, por sua prolongada elaboração de décadas. Mas também o próprio Goethe, em suas conversas com Eckermann (18 de abril de 1827), indicou contradições em Shakespeare, algo que Düntzer explorou posteriormente. Schiller, cujo famoso descuido no *Don Carlos* (II, 4 e IV, 5) se tornou conhecido com a carta à rainha, mostrou a Goethe violações similarmente grosseiras em *Wilhelm Meister* e no *Fausto*. Mas também nas poesias épicas artísticas [*Kunstdichtungen*][42] antigas e modernas se encontram inúmeras contradições que foram postas em harmonia com a autoria de um único poeta. Pode mesmo estar certa a asserção de Lachmann, de que o *Parzifal* de Wolfram, apesar de sua grande extensão, não mostra nenhuma dessas falhas, mas Zarncke afirmou com razão que em outros épicos da corte, contemporâneos, se encontram irregularidades muito piores e muito mais cumulativas do que na *Canção dos Nibelungos*. Que mesmo em Vírgilio a cronologia e a náutica não resistem a um escrutínio rigoroso, eis algo que já notou Wood (p. 255 ss.), seguido

42 Recorde-se o leitor que *Kunst*, "arte", também se vincula ao campo semântico do "artificial", "artificioso", e a *Kunstdichtung* é usada aqui em contraposição à *Volksdichtung*, a poesia popular, mais natural e espontânea, sem o recurso a artifícios estéticos e escolares [N. T.].

por Volkmann em outros pontos, enquanto Wilamowitz caracteriza o segundo canto da *Eneida* como um "poema individual", cujas fendas estão tão abertas quanto em Homero (p. 117). Umas das violações mais graves desse tipo em Homero, o reaparecimento do rei de Paflagônia, já morto (V, 575), num canto posterior (18, 658), que não se acreditava de forma alguma poder-se atribuir a um poeta que criasse metodicamente, encontra-se igualmente, segundo uma observação de Christ (p. 39, ver também Drerup, p. 14), no *Orlando Furioso*, de Ariosto (18, 45 com 40, 73 e 41, 6), assim como em *The Newcomes*, de Thakaray. Também no *Don Quixote*, de Cervantes, que há de ter tantas contradições quantas as possuem juntas a *Ilíada*, a *Odisseia* e a *Eneida*, se encontra um descuido similar, quando o poeta faz Sancho Pança perder o seu asno, mas o faz aparecer logo em seguida novamente com o seu animal inseparável. Violações desse tipo foram então desencantoadas em Milton, Walter Scott e Luciano, e Volkmann dedicou seu próprio ensaio sobre isso ao poeta da *Divina Comédia*, no qual duvida fortemente de que existam grandes poesias épicas sem falhas assim. Recentemente, também Jellinek e Krauß trataram detalhadamente "das contradições em poesias artísticas", ao que seguiu uma grande polêmica (com Niejahr em *Euphorion*, v. III-V, 1896-1898).

Numa valiosa investigação, Rothe mostrou então que contradições na poesia não justificam a princípio a suposição de autores diversos, mas são explicadas, antes, por motivos artísticos predominantes, que visam ao efeito *poético* e não à impecabilidade lógica. Disso seguem as instrutivas tentativas, infelizmente iniciadas muito recentemente, de derivar dos próprios poemas homéricos as leis do estilo épico, cujo conhecimento preciso deveria ser a precondição imprescindível para qualquer tipo de crítica justificada. Isso inclui acima de tudo a infração da perspectiva lógica, seja ela feita conscientemente, seja ela consequência de meios técnicos insuficientes, que, segundo Cauer, é devida à preponderância da clareza;[43] inclui também, ademais, as pesquisas minuciosas de Zielinski *Über die Darstellung gleichzeitiger Vorgänge bei Homer* [*Sobre a representação de eventos simultâneos em Homero*] (1903) e de Hedwig Jordan sobre o *Erzählungsstil in den Kampfszenen der Ilias* [*Estilo narrativo das cenas de batalha da Ilíada*] (1904), ambos os quais conduziram o estudo da técnica épica sob o pressuposto da idade elevada dos poemas, nos quais – tal como nas pinturas egípcias primitivas – as leis da perspectiva e outros meios técnicos de representação [*Darstellung*] ainda não estariam totalmente desenvolvidos. Assim, o poeta homérico não conheceria nenhuma descrição paralela que voltasse atrás, mas apenas uma sucessão temporal que ele não teria simplesmente descrito, mas parece, antes, ter realmente acreditado que as coisas ocorrem uma após a outra, e não simultaneamente (Mülder, *Homerkritik*, p. 1039).[44] Resumindo esses pontos de vista, Finsler (p. 494) pôde asserir que tudo que é factual seria subordinado à necessidade poética. A investigação de Belzner, que muito leva em conta o ponto de vista poético e cuja importância nós teremos de avaliar no futuro, se move na mesma direção, tal como a ênfase de Mülder, para não dizer superestimação, das tendências e intenções poéticas.

Entre as incongruências, das quais nem mesmo as criações de individualidades indubitavelmente poéticas podem ser completamente absolvidas, as *anacrônicas* parecem ter uma importância especial para a épica. A um dos problemas vinculados a isso, seguiu-se desde Wolf uma discussão ampla e relevante em princípio.

43 *Anschaulichkeit*, no original, que denota a clareza, pureza ou nitidez de algo. Deriva de *anschaulich*, adjetivo ligado ao verbo *anschauen*, que significa "ver", "contemplar", "mirar" [N. T.].

44 Dietrich Mülder (1861-1947) foi um filólogo alemão, que traduziu a *Ilíada* para o alemão no início do séc. XX. Não conseguimos recuperar a fonte bibliográfica exata mencionada por Otto Rank [N. T.].

Como se sabe, Wolf havia construído toda a sua teoria da transmissão rapsódica e da fixação posterior dos poemas homéricos com base na suposição de que o uso da escrita na Antiguidade grega teria uma datação muito anterior àquela que seria compatível com o registro originalmente escrito dos poemas, o qual fora tacitamente pressuposto até então. Seus argumentos, apresentados com tanta perspicácia e erudição quanto foram exitosamente combatidos (Hug, Kreuser) e refutados por Nietzsch, têm hoje um interesse apenas histórico, pois foram plenamente solapados pelos resultados das pesquisas arqueológicas. Hoje nós sabemos com segurança que a arte da escrita era conhecida dos gregos muito antes da época homérica, e a pressuposição acertada de Wolf, segundo a qual epopeias tão amplas não poderiam ser realizadas sem o apoio da escrita, é capaz agora ela mesma de testemunhar contra sua conclusão da configuração definitiva posterior dos poemas homéricos. Com isso, porém, o problema da escrita – assim como da redação pisistrática a ele vinculado – para a questão homérica não é resolvido, embora seja posto numa luz essencialmente diferente. As inscrições trazidas a lume durante as escavações, que remontam ao segundo milênio a.C., são bastante escassas, não mostram, ademais, nenhuma escrita silábica, mas apenas uma escrita pictórica que ainda aguarda pelo seu deciframento, e são, por fim, como toda a cultura minoica a que pertencem, pré-gregas. Ademais, como Wolf em seu tempo destacara corretamente, do conhecimento de um sistema de escrita num período prévio não decorre seu uso universal nem sua utilização para a fabricação de obras escritas tão extensas como o são a *Ilíada* e a *Odisseia*. Não obstante, pode-se constatar de modo irreprochável que à época homérica a escrita alfabética grega já era conhecida e era usada especialmente nas colônias da Ásia Menor, onde hoje se pode localizar com segurança a criação dos poemas. Os gregos tomaram seu alfabeto emprestado, provavelmente já no século X, dos fenícios, ao transformar a escrita silábica numa escrita alfabética e ao adicionar eles mesmos alguns sinais (como o qui). Já que, como Meyer (p. 380) explica, isso ocorreu após o período da emigração dos eólios da Tessália, os quais levaram para a Ásia Menor a escrita já aumentada com sinais individuais, esse processo tem de ser localizado no mais tardar no século VIII. Gerock comprovou que o alfabeto jônio foi inventado por volta de 800, talvez já por volta de 850, e inscrições encontradas em caracteres gregos remontam até o início do século VIII.[45] Mesmo que os monumentos mais antigos por nós conhecidos do uso grego da escrita não remontassem tão longe a ponto de serem decisivos para o ponto temporal da recepção da escrita, nós ainda temos do século VIII, no registro dos primeiros vencedores olímpicos (datados de 776), um antigo exemplo para o uso público da escrita, ao passo que, do início da contagem das Olimpíadas, se encontra uma multidão de atestados positivos também para o uso literário da escrita (Kreuser, Volkmann). De toda forma, o poeta da épica nacional grega podia servir-se da escrita já utilizada no mínimo em serviços públicos. Não se pode, obviamente, provar positivamente que ele de fato o fez, mas nada argumenta contra isso; na verdade, toda a tradição da Antiguidade, que tomava a composição originalmente escrita dos poemas como algo aceito (Schmitz, *Gesch. Gr.*, 1859, p. 57), adiciona razões internas para isso. Para objetivos puramente literários, a escrita ganhou importância certamente apenas depois, pois – como Meyer (II, p. 384) observa de forma correta – a literatura vive na recitação oral, independentemente de o cantor ter registrado ou não o seu texto enquanto o aprendia. Todavia, visto que nada nos foi legado das poesias pré-homéricas, que indubitavelmente hão de ser pressupostas, foi possível designar os poemas homéricos como as primeiras obras gregas escritas e, por isso, como os mais antigos monumentos escritos da Europa, quer sejam eles

45 Rank não escreve "antes de Cristo", mas isso está subentendido nessas passagens [N. T.].

efetivamente, como Rohde acredita, os primeiros produtos encontrados do espírito grego verdadeiramente dignos de registro, quer tenham sido perdidos aqueles outros, de data anterior à deles. Nós devemos a sua fixação provavelmente aos cantores, àqueles únicos àquela altura versados na escrita que eram igualmente professores, e estes se terão servido de sua arte em tal escala apenas como amparo da memória, e não no interesse de um público leitor, algo naturalmente desconhecido naquele tempo. As epopeias homéricas, portanto, parecem não apenas pressupor por razões externas o uso da escrita, mas também estar o mais intimamente ligadas a um progresso decisivo dele. Essa impressão é fortalecida por um notável paralelo com a épica popular alemã, da qual a maioria dos manuscritos hoje conhecidos (dez versões) data dos séculos XII e XIII, isto é, de um tempo em que emergia, segundo a observação de J. Grimm, a escrita alemã e quando também os leigos começaram a dominar a habilidade de ler e escrever (Muth-Nagl., p. 357). Mais adiante, numa outra seção do texto, nós queremos perscrutar esse nexo histórico-cultural de grande alcance entre o alastramento da escrita e a formação da épica, para o qual Otfried Müller já havia chamado a atenção.

Para os próprios poemas homéricos, contudo, a questão da escrita adquiriu uma importância completamente diferente com o enfraquecimento da hipótese de Wolf. Um dos principais argumentos de Wolf era que as próprias epopeias não revelavam nenhum conhecimento da escrita, que, por conseguinte, havia de ser desconhecida no tempo em que haviam surgido. Ora, além do fato de tal conclusão ter sempre permanecido *ex silentio* questionável e de Bergk (p. 264) ter podido lembrar com razão que também Virgílio não menciona a arte da escrita, embora tenha redigido de punho próprio o seu poema, não se pode mais conceder nenhum valor aos argumentos artificiais [*gekünstelt*] de Wolf em si, embora não se possa contestar o que é factual na observação subjacente.

Wolf acreditava que as duas únicas passagens na *Ilíada* das quais se poderia inferir o conhecimento do uso da escrita não eram comprobatórias, pois numa dessas passagens (VII, 175 ss.) se trataria não de letras legíveis, mas apenas de sinais arranhados para a definição da sorte, porquanto sua insciência não vem do arauto, mas as sortes são apresentadas a cada herói individualmente; da outra passagem (VI, 168 ss.), em que Proitos envia Belerofonte ao seu hospedeiro com uma perniciosa "carta de Urias",[46] ter-se-ia inferido sem razão a existência de uma carta a partir dos "sinais ominosos" numa tabuinha vincada, pois se trataria somente de runas secretas, próximas à escrita pictográfica. Ora, embora na primeira dessas passagens sejam utilizadas as palavras γράφειν e γιγνώσκειν [escrever e saber], elas não precisam significar ainda "ler" e "escrever", pois essas expressões provêm, como se sabe, de atividades primitivas (o inglês *write* [escrever] = *reißen* [rasgar] = *ritzen* [arranhar] e o alemão *lesen* [ler] se vincula a *auflesen* [catar] = *zusammennehmen* [juntar] as letras). A mesma interpretação poderia ser válida para os "sinais" na segunda passagem e seria respaldada pela indicação de Wolf de que se trata de sinais secretos combinados entre os envolvidos, que eram desconhecidos ao seu portador.[47] Mas, visto que também essa pressuposição negligenciava dificuldades

46 Urias é um personagem bíblico, marido de Betsabá (Samuel II). Após engravidar Betsabá, David envia Urias ao seu exército portando uma carta, na qual se continha a ordem para que Urias fosse posto na frente de batalha, a fim de ser morto. Por isso, a "carta de Urias" é sempre uma carta que porta uma má notícia (em geral a morte) para o seu próprio portador. Em *Hamlet*, o rei Cláudio bane Hamlet à Inglaterra com uma carta ordenando que o seu portador seja morto – mas Hamlet põe a carta nas mãos de seu próprio acompanhante [N. T.].

47 Na cena citada da *Ilíada*, os heróis "marcam as suas sortes" (para decidir quem irá neste momento enfrentar os troianos) e as jogam no elmo de Agamêmnon, pedindo para que dali fosse escolhido Ájax (que é de fato o escolhido). Quando, no entanto, um arauto sai a levar e mostrar a sorte escolhida para o exército, ninguém, nem mesmo ele, a compreende [N. T.].

externas e parecia alheia ao velho tema [*Motiv*] do conto de fadas, não subsistia nenhum ensejo para a pesquisa moderna sobre Homero, que não podia mais duvidar da propagação da escrita alfabética à época do poeta, de carimbar o significado dessa passagem, por meio de sofísticas artes de interpretação, como prova para o uso ulterior da escrita. Por outro lado, por conta da obscuridade e escassez desse modo de expressão e representação [*Darstellung*], somos novamente alertados a não atribuir ao poeta a ideia de uma carta autêntica no sentido habitual, e podemos extrair das suas palavras no máximo uma compreensão primitiva da "escrita", ao menos no que concerne à sua forma. Todavia, se o próprio Homero era versado na escrita e familiar com seu uso, então há que saltar aos olhos que ele mesmo, em sua descrição minuciosa e amorosa das atividades cotidianas mais irrelevantes do homem, não tenha feito nenhuma menção explícita a essa habilidade àquele tempo inédita para a grande massa e lisonjeadora para a nobreza jônia, em sua condição de curadora da escrita. Sobrava apenas a suposição de que o poeta se esforçava por situar o tempo da ação como muito antigo, no qual a escrita ainda não era conhecida; em uma palavra: que ele *arcaizava* conscientemente. Já Aristarco, estimulado pela comparação com os trágicos, havia enfatizado o esmero especial com que Homero evitava anacronismos, e diferençava nitidamente o poeta, versado na escrita, e os heróis, a quem essa arte era alheia; posteriormente, Herder havia indicado que as epopeias descreviam conscientemente um mundo anterior, e dos autores mais recentes Meyer, Rohde e Wilamowitz (H. U., p. 291 ss.), nomeadamente, deram bastante ênfase à forma com que o poeta separava propositalmente os costumes dos heróis dos costumes do seu próprio tempo e registrava conscientemente um vasto passado numa imagem ideal. Como prova disso, juntou-se à ignorância da escrita a negligência das artes de cavalgar e cozinhar, já praticadas na Jônia à época do poeta, e certas pressuposições geográficas e políticas que não levavam em consideração as consequências da migração dórica. Mas, além dessa aspiração pela antiguidade, no geral mantida com sucesso, não se podia ignorar um sem-número de pequenos traços que, do presente a circundar o poeta, haviam penetrado na imagem e impeliam-se para a superfície especialmente nos símiles a interromper a narrativa. Aqui, come-se peixe e carne cozida, conhece-se a arte da cavalgada, o trompete e mais outras coisas anacrônicas para a época heroica. Ora, se esses traços nos obrigam ainda mais seguramente a mover o poeta para baixo, para uma época mais avançada, e a lhe atribuir tendências fortemente arcaizantes, mostrou-se logo que dificuldades, mas também que significado para a compreensão e formação da épica essa consideração temporal pode oferecer. Pois os traços anacrônicos penetram no mundo heroico ideal não apenas nos símiles, o que é fácil de conceber, mas muita coisa na cultura épica, mantida artisticamente pelo poeta, igualmente dá tanto a impressão de algo "moderno", que, em vez da tendência antiquizante, preferiu-se presumir um princípio de modernização a se impor na configuração do antigo material épico. O efeito desse princípio foi enfatizado antes e com mais insistência porque era mais chamativo, e mesmo os mais antigos românticos, que farejavam intenções poéticas conscientes por toda parte, consideraram os anacronismos que apareciam na *Canção dos Nibelungos*, de acordo com o procedimento de W. Schlegel, como a forma introduzida "conscientemente e com completa ponderação" no material pelo poeta, que transfere inofensivamente os costumes de seu próprio tempo para o tempo prévio [*Vorzeit*]. E também Goethe defende, provavelmente abstraindo de sua própria experiência, o significado abrangente desse processo na poesia, quando diz: "Todo passado que evocamos tem de conceder à antiguidade uma cultura mais elevada do que a que ele teve. A *Ilíada* e a *Odisseia*, todos os trágicos e o que sobrou de verdadeira poesia vive e respira somente em anacronismos". Recentemente, Mülder afirmou que "o modernizar teria sido mais importante do que o antiquizar" (p. 16) para o poeta homérico, invocando igualmente o modelo mais nítido nesse ponto da *Canção dos Nibelungos*, e atribuiu certas contradições e inconsistências da epopeia a essa transformação apenas parcialmente exitosa. De fato, Belzner (I, p. 162) crê até mesmo que "o acervo preponderante dessa cultura mista ideal provém do próprio tempo da floração da épica jônia (= "cultura homérica") e teria sido transferido pelo poeta para o tempo épico descrito, provavelmente por falta de um outro conhecimento (e não, como achava Cauer, por falta da capacidade de abstração)".

Esses traços modernos incluem, segundo Finsler, a descrição do Estado nobiliárquico jônio com os costumes corteses e o sistema social aristocrático, assim como com o arcontado hereditário do tempo histórico, que foram considerados como reflexo das condições que imperavam no tempo do poeta. Ademais, também se inclui aí, segundo Mülder (p. 88 ss.), a maneira com que o poeta – de acordo com o modelo de seu próprio tempo – imagina o exército grego europeu, unido para um empreendimento comum e desfazendo-se em paisagens maiores, politicamente unificadas, ao passo que faz dos heróis lendários, oriundos de seus próprios padrões, os líderes dos batalhões e faz da população pré-histórica, completamente indeterminada, daqueles cantões apresentados por ele com nomes modernos, a sua vassalagem. Entretanto, visto que a posição respectiva da descrição épica, no que tange a esses fatores temporais, não podia ser determinada por quaisquer outros critérios senão aqueles adquiridos a partir da épica mesma, amiúde resultavam dificudades e diferenças de opinião sobre se se tratava do antigo ou do novo ponto de vista, isto é, de antiquização ou de modernização. "Ao considerar as condições culturais, as aparições dos deuses, e mesmo no domínio linguístico, ocorreu que o mesmo traço de alguma forma desviante do usual foi tomado por uns como algo antiquado, por outros como o atestado de um grau de desenvolvimento posterior" (Cauer, p. 521 ss.).[48] Assim, discutiu-se se o modo de agir de Penélope diante dos pretendentes se baseava numa invenção frívola de um homérida posterior ou se era expressão de um ponto de vista jurídico antiquíssimo [*uralt*] (Cauer); bigas e armas de ferro foram tomadas ora como intrusos modernos, ora como antiguidades.

Seja como for, a suposição de tendências antiquizantes e modernizantes pressupõe a personalidade de um poeta que empreende expor um material antigo e tradicional a partir de seu ponto de vista atual. A fim de reconciliar essa consequência inevitável com o fato da "cultura mista" épica, apelou-se para o recurso de deslocar esse poeta mesmo para o limite das duas épocas espelhadas em sua obra, suposição esta que já Fr. Th. Vischer havia enunciado do ponto de vista estético nas seguintes palavras: "nenhum outro povo teve a sorte, como os gregos, de consumar sua epopeia nacional no momento em que a poesia ingênua [*naive Poesie*] absorve em si as vantagens da arte [*Kunst*] e a poesia artística [*Kunstpoesie*] desfruta da plena vantagem da ingenuidade". Dos pesquisadores de Homero que utilizaram esse ponto de vista para compreender conteúdos épicos díspares, deve-se mencionar sobretudo Rohde, que diz: "Na realidade, as poesias homéricas jazem na fronteira entre um desenvolvimento mais antigo, que atingiu uma maturidade mais consumada, e uma nova ordem de coisas, muitas vezes determinada segundo uma outra medida" (p. 200); e Cauer também diz que quem quer que tenha criado a epopeia havia de jazer no limite entre duas épocas.

No entanto, em vez de explorar ainda mais esse caráter peculiar do estilo épico, no sentido de uma unidade da individualidade criadora do poeta, e de realizar isso de forma consistente malgrado

---

48 Paul Cauer (1854-1921) foi um filólogo clássico alemão. Rank parece referir-se à sua obra, de 1895, *Grundfragen der Homerkritik* [*Questões fundamentais da crítica homérica*]. Leipzig: Hirzel [N. T.].

as dificuldades emergentes, recorreu-se primeiramente a uma solução mais próxima e de toda forma mais cômoda, que havia mesmo a vantagem de oferecer uma nova maneira de abrir mão da personalidade individual do poeta. As partes da épica que refletiam pontos de vista pertencentes a épocas diferentes foram atribuídas a épocas de criação também diferentes, e chegou-se assim a uma concepção histórica que pareceu amparar novamente a suposição de uma configuração gradual da poesia épica. Esse ponto de vista já havia sido defendido, no fundo, por J. v. Müller com relação à *Canção dos Nibelungos*, quando ele alegava que sua origem deveria ser remetida até Carlos Magno, ou seja, bem além da idade dos manuscritos e textos; e W. Schlegel pôde dizer no *Athenäum* (v. II, 1799), retomando essa alusão: "A acre selvageria dessa poesia colossal aponta efetivamente para uma alta antiguidade: o cavalheiresco propriamente dito só pode ter sido acolhido no tratamento do período dos *Minnesänger* que possuímos". Quase concomitantemente, Wolf havia pronunciado as mesmas ideias para as poesias homéricas em suas *Vorlesungen über die Geschichte der griechischen Literatur* [*Conferências sobre a história da literatura grega*] (p. 181):

> *Quando reúno as ideias sobre desigualdade, tenho de confessar que, supondo que não houvesse nenhuma novidade, eu teria de sentenciar: essas obras devem ser de quatro ou cinco gerações humanas, não de um único período, não de um único redator, mas Homero na verdade lançou a base sobretudo para a* Ilíada, *e outros o prosseguiram em grandes continuações.*

Zoëga se expressa de forma similar num ensaio de 1788:

> *Quando se veem os costumes das nações e as opiniões hieráticas a eles ligadas tratados de forma diferente num lugar e noutro..., isto e várias outras coisas dessa*

> *natureza convencem que os poemas homéricos devem a sua existência não meramente a diferentes homens, mas também a diferentes épocas.*

Se antes, por um lado, se inferira apressadamente uma pluralidade de redatores por conta das discordâncias na composição, agora se fazia a breve conclusão de que contradições nas relações temporais remetiam a uma pluralidade de épocas que haviam de ter colaborado nos poemas. A essa concepção, similar à teoria das canções pela pressuposição de uma ligação mecânica de um material desigual, se opôs enfaticamente Cauer, que, por princípio, também defendendo a explicação histórica, no empenho louvável por evitar uma tal representação de uma colagem conjunta exterior, comparou-a novamente e de modo questionador ao outro extremo, a enigmática produção pelo povo [*Volksproduktion*]. Cauer contesta que o poeta arcaizasse *conscientemente* e presume, para o esclarecimento das camadas da épica a serem separadas temporalmente segundo a língua e as esferas culturais, o seu crescimento *involuntário* em camadas, sem conseguir dar para isso, contudo, uma ideia clara. De modo similar, também Wilamowitz crê que não se deve determinar temporalmente a epopeia mesma, que, junto à conservação convencional de traços legados do passado, contém involuntariamente traços a invadi-la a partir da vida presente (p. 416). A epopeia teria reproduzido uma tradição ininterrompida e uma usança ininterrompida de um tempo em que os heróis não escreviam, não cozinhavam, nem cavalgavam, até o presente, que havia alterado ele mesmo os costumes dos reais ancestrais, conservando deles, porém, uma representação dos heróis épicos alimentada pela tradição da épica que mantinha afastados deles tais anacronismos (p. 292). A concepção histórica substitui a antiga questão polêmica a supor um redator (autêntico ou inautêntico?), pelo ponto de vista temporal que prescinde de um poeta (mais antigo ou mais novo?), mas nisso, como já mencionamos, a aplicação consequente dos critérios multiplamente sujeitos a dúvidas ao material, iridescente de vários lados, leva a afirmações em grande parte insustentáveis ou a novas dificuldades. Essa explicação é, por conseguinte, justificadamente criticada por Finsler (p. 568) e foi refinadamente refutada por Belzner, que colocou novamente em evidência a fechada unidade artística. Há bem pouco tempo, esse autor fez jus aos motivos puramente poéticos em maior medida do que Cauer fizera antes, na seção de seu livro que tratava desse assunto, ao mostrar com exemplos impressionantes da *Odisseia* que o poeta, conduzido por objetivos puramente poéticos, opera livre e despreocupadamente com os meios externos que estão à sua disposição (I, p. 41). No falho empenho por encontrar nas circunstâncias culturais da épica uma história de seu surgimento, não se teria prestado atenção à abundância dos recursos poético-técnicos do estilo épico e, com isso, se teria radicalmente compreendido mal o poeta com um princípio completamente inapropriado para ele. Como enuncia Mülder, havia-se encarado a *Ilíada* como se, feito a cidade de Ílion cantada nela, ela fosse um grande sítio de escombros em que jazem, despejadas umas sobre as outras, as diferentes culturas de muitos séculos.

Entrementes, porém, o ponto de vista histórico da contemporaneidade da descrição épica com seu material havia encontrado um poderoso suporte nos resultados das escavações. Por muito tempo, a crítica científica super-esperta quis ver nos cantos homéricos apenas puros produtos da fantasia poética, que usara da destruição de Troia, efetivamente subjacente, apenas como um ensejo para o livre esboço dessas pinturas gigantescas. Mas as observações ocasionais de antigos e novos autores, como Demétrio de Scepsis (214 a.C.), Woods, dentre outros, sobre a descrição naturalística da localidade na Trôade – como nas paisagens da *Odisseia* – só auferiram sua total importância e seu valor científico por meio do sucesso das escavações de Schliemann na colina de Hisarlik. Em especial Dörpfeld, sucessor de Schliemann, conseguiu corrigir um erro cometido pelo seu predecessor no zelo excessivo da alegria da descoberta, ao descobrir, através de esforços adicionais na assim chamada "sexta camada", uma instalação de castelo – a apontar para o período micênico (no segundo milênio a.C.) – que mostrava concordâncias tão marcantes com as informações da epopeia que pôde ser reconhecida como a Troia descrita por Homero. Através de novas concordâncias dos achados com as descrições predominantes na *Ilíada*, adquiriu-se a firme convicção de se ter encontrado na *cultura micênica* a cultura descrita por Homero e a época "épica" vista por ele ainda quando vivo. O primeiro a tentar, com base nos achados troianos, verificar os traços da mais antiga cultura micênica em Homero foi Wolfgang Helbig (1884); ele "agrupou as concordâncias numa quantidade tão espantosa que as diferenças pareceram desaparecer" (Finsler, p. 248). Ele foi seguido por alguns trabalhos especializados, dos quais especialmente o de Reichel deve ser mencionado, porque ele buscou verificar o tipo micênico de armamento ao longo dos poemas homéricos e reduzir a importância das armas jônicas aí existentes enquanto adições tardias à poesia. Essa avaliação precipitada da cultura micênica na sua importância para a poesia épica levou, ademais, a uma superestimação ainda mais funesta da conexão, quando não se ficou satisfeito em ver nos achados arqueológicos o fundamento real da cultura épica, mas se buscou, além disso, por inferência a partir dos poemas mesmos, reconstruir um quadro geral historicamente fiel dessa cultura. Se antes a realidade das descrições homéricas havia sido tida como nula, agora se acreditava que os poemas podiam ser vistos como enciclopédias reais da antiguidade grega e Homero como o correspondente de guerra dos eventos troianos. Mas, de acordo com Rohde, se essas epopeias indicam para nós o ponto mais antigo do desenvolvimento cultural grego acessível ao nosso conhecimento, então a pesquisa moderna podia pôr para si a tarefa de construir a partir de Homero não apenas uma história da épica, mas também da cultura grega. E, de fato, as ponderações histórico-culturais mencionadas acima, que resultam da abordagem temporal da representação [*Darstellung*] épica, repousam tacitamente sobre a pressuposição de que, como já inferira W. Grimm para a *Canção dos Nibelungos*, a descrição épica tem como base a verdade e corresponde à realidade.

Só gradualmente surgiu o *insight* que distanciou consideravelmente, de novo, o poeta dos eventos descritos e empenhou-se por determinar e estimar devidamente a participação das circunstâncias temporais que o envolviam na representação [*Darstellung*] épica. Em primeiro lugar, Rohde empreendeu isso, em seu estilo magnífico, para mostrar o tratamento dos mortos, ao comprovar que imperava sem exceção nos poemas a maneira jônica de queimar os mortos, e não a maneira micênica de enterrá-los. Seguiu-o Robert, que retomava investigações de Reichel em um estudo pormenorizado, no qual separou rigorosamente armamentos micênicos e jônicos na épica grega, e em especial Cauer executou essa separação dos dois níveis de cultura também para outros domínios (construção de castelos, costumes, cultos etc.), depois que Ed. Meyer havia já dividido as *culturas micênica* e *homérica* e as designado como a *Idade Média grega*. Ora, embora esse resultado coagisse a deslocar o poeta para a época posterior e até a Jônia, não se quis crer que ele fosse capaz de uma revivificação independente da época antiga, e se deslocou para trás, para o período e cultura micênica, se não a ele mesmo, ao menos o florescimento do canto heroico por ele concluído (Cauer, Drerup, Meyer, entre outros). Enquanto alguns se contentaram em ver as canções legadas ao poeta épico no canto heroico micênico como fontes de material, outros foram além e sugeriram que partes inteiras da épica mesma haviam nascido na época micênica e na pátria-mãe. Robert e Bechtel dão mostras dessa recaída, que parecia reunir numa nova teoria a teoria da compilação e do surgimento gradual em diferentes épocas. Amparando-se no fato do dialeto épico misto, eles acreditaram ter encontrado que as partes da *Ilíada* que mostravam armamentos micênicos poderiam ser transpostas para o dialeto eólico sem dificuldades, enquanto as partes com armaduras de bronze haviam de ter sido redigidas posteriormente, na língua jônica. A partir dessas partes eólico-micênicas, Robert buscou construir, de um modo um tanto forçado, uma "Arqui-Ilíada" [„*Urilias*"] de mais ou menos três mil versos, que – ampliada por três outras Ilíadas – havia de ter obtido sua forma definitiva. Conquanto essas construções tenham se mostrado insustentáveis, elas mantêm o mérito de terem recentemente enfatizado a *origem eólica* da poesia heroica grega, algo que, contudo, Fick já havia feito muito antes, do ponto de vista puramente linguístico, de um modo muito mais laudável do que a análise do material feita apenas posteriormente, que parece apontar para a mesma direção.

Se também as tentativas de substituir a suposição insustentável de uma multiplicidade de autores pela ideia inconcebível de uma pluralidade de épocas partícipes na formação da épica tinham de ser encaradas como fracassadas, as contradições concernentes ao material não podiam, portanto, ser explicadas nem por uma contaminação mecânica nem por um crescimento gradual de camadas do todo, de forma que sobrou apenas a opção de retornar, após esse largo desvio científico, ao ponto de vista ingênuo de um único criador da épica. Buscou-se eliminar as diferenças de conteúdo obstantes a essa concepção por meio da suposição de que o poeta, jazendo no limite de duas épocas, teria formado uma *cultura mista* ideal análoga ao dialeto misto ideal, que jamais teria existido *realiter*[49] (Belzner, I, p. 162) como um todo, e que por isso permitiria apenas conclusões altamente incertas sobre as antigas condições culturais

49 Em latim, no original: "realmente", "na realidade" [N. T.].

efetivamente subjacentes, mas que poderia, por outro lado, prestar informações tanto mais instrutivas sobre a essência e a técnica poética do poeta. Poder-se-ia agora acreditar que, com a reinstauração do velho Homero em seus direitos poéticos, as dificuldades seriam eliminadas e os enigmas que se haviam alinhavado à volatilização de sua personalidade seriam solvidos. Mas, afora o fato de os mesmos problemas que até então se acreditava poder resolver simplesmente pela negação da individualidade do poeta requererem uma discussão renovada, surgiram outras questões e dúvidas que se ligam à própria personalidade do poeta. Se por ora deixarmos de lado a *Canção dos Nibelungos*, cujo artífice de modo algum nos foi legado, então mesmo no nome Homero, herdado por meio da boa e velha tradição, se adere uma profusão de obscuridades e enigmas. Não estamos suficientemente informados sobre local, tempo nem sobre o tipo de sua atividade, faltam quaisquer dados confiáveis sobre sua vida e suas obras. Das escassas informações da antiguidade, que hão de ser recebidas com grande cautela, foram então tiradas também as conclusões as mais variadas para a verificação das datas mais importantes. No que toca à cronologia, em primeiro lugar, as datas defendidas pelos diferentes autores para a existência de Homero diferem em cerca de meio milênio. O parecer antigo e mais ingênuo, que faz do pai Homero um contemporâneo dos eventos por ele apresentados [*dargestellt*], deslocam-no, juntamente com a Guerra de Troia, ao século XII, e é notável que essa suposição, defendida por exemplo por Helânico, tenha encontrado defensores até mesmo na crítica científica de Homero: em sua edição da *Ilíada* (Londres, 1808), Payne-Knight presume que o poeta e seus primeiros ouvintes estavam entre os colonos que emigraram da Grécia para a Ásia Menor entre 1100-1050, e Schubarth, em seu esquisito livro, até mesmo faz de Homero um poeta da corte troiana. Entre os antigos, além de Tucídides, também Crates de Mallos situa o poeta nas imediações temporais do evento cantado por ele, e o coloca antes da invasão dos heráclidas, pois a *Ilíada* não menciona os dóricos no Peloponeso. Essa conclusão aparentemente correta, que se tornaria de fato coercitiva caso se pudesse ignorar o ponto de vista da arcaização, tirou-a também Thiersch, que faz Homero viver no Peloponeso antes da migração dórica, e mesmo Dörpfeld, que acreditava, do seu ponto de vista arqueológico, poder explicar com direito especial: "Os poemas descrevem a geografia, a história e a cultura do período pré-dórico e por isso surgiram antes da migração dórica para a própria Grécia". Por mais incontestável que seja a premissa, a conclusão dela tirada não podia ser aceita, o que se infere do fato de que outros não se permitiram que essa inspeção aparentemente coercitiva os impedisse de determinar o tempo de vida do poeta segundo indícios mais indubitáveis. Aristóteles e Aristarco acreditam ter de presumi-lo no período da migração jônica (940-927), enquanto Apolodoro o desloca 100 anos para trás. Heródoto (II, 53) acredita que Homero vivia 400 anos antes de seu tempo, o que teria sido, portanto, entre 850-800, e Teopompo e Eufório situam a época do poeta no período do rei Giges da Lídia (Olimpíadas 18-23), mais ou menos, portanto, entre 708-688 a.C. e 500 anos após a data dos eventos por ele cantados. Grote, que combinou todas essas informações, decidiu-se pelo período entre a metade do século IX até a primeira Olimpíada de 776. A determinação do local do poeta cria tantas dificuldades quanto a do tempo. As sete cidades fabulosas que competem pela honra de valerem como sua cidade natal representam na realidade um sem-número de locais que invejam umas às outras por esse posto. Mesmo que dispensemos as opiniões isoladas que situam o poeta na Grécia – dentre as quais é notável a já mencionada de Aristarco, porque ele concluiu que Homero era um ateniense a partir dos aticismos dos poemas –, restam abertas ainda, na área da Ásia Menor, muitas possibilidades, cuja justificação nós teremos depois de estimar e pôr à prova.

A tradição também oscila de forma similar no que diz respeito às obras atribuídas a esse poeta inconcebível. Já por volta de 650, Homero era respeitado como um poeta jônico de grande celebridade, a quem eram atribuídos por volta de 500 [a.C.] todas as epopeias encontráveis então em circulação, juntamente com os assim chamados hinos "homéricos"; por volta de 350, somente a *Ilíada* e a *Odisseia* são consideradas obras de Homero – Platão conhece apenas estas –, e por volta de 150 todos os poemas, na condição de poemas cíclicos, são reconhecidos como obras de autor desconhecido [*anonym*] (Wilamowitz). Mesmo a *Ilíada* e a *Odisseia*, portanto, que hoje aparecem inseparavelmente ligadas ao nome Homero, nem sempre estiveram nessa situação. Em especial a *Odisseia* foi já na Antiguidade negada pelos assim chamados corizontes,[50] com base nas diferenças excessivamente enfatizadas para com o redator da *Ilíada*, ao passo que outros apontavam para as concordâncias convincentes entre ambos os poemas e se contentavam em atribuir os dois poemas a diferentes idades do poeta, e nisso a *Odisseia* era reconhecida universalmente como a obra indubitavelmente mais tardia. De fato, até mesmo ao nome Homero se afixou um debate pouco apropriado para a denominação de uma personalidade histórica, enquanto alguns queriam compreendê-lo como o "Cego", pois entre os jônios o acompanhante de um cego se chamava "Homeros" (Éforo), ou, como Aristóteles, concebiam-no como "refém", enquanto outros o etimologizavam como o unificador[51] (Welcker) ou, compreendendo o nome como uma denominação coletiva

50 Tal o nome dado a alguns críticos alexandrinos que defendiam que a *Ilíada* e a *Odisseia* não haviam sido escritas pelo mesmo poeta. χωρίζω, verbo de que deriva o nome, significa "separar" [N. T.].

51 O nome "Homero" (Ὅμηρος) é muito similar a outras palavras gregas, donde essas "etimologias" dos antigos. A palavra ὅμηρος significa, enquanto adjetivo, "reunido", "conjunto", "compilado", e por isso a interpretação como "Unificador"; no entanto, ela pode ser também substantivo, significando uma "garantia" ou, mais concretamente, um "refém", donde a etimologia proposta por

(Nico), faziam volatilizar novamente em grande parte a personalidade poética pressuposta na nomeação (cf. Volkmann, p. 344 ss.).

Assim nós vemos todos os problemas e tentativas de solução, com as quais se empregaram esforços para esclarecer a épica, recair na pessoa mesma do poeta, cuja suposição, portanto, muito longe de trazer uma solução para as dificuldades, significa apenas sua concentração na individualidade poética a ser presumida por trás das obras. De qualquer modo, essas diferenças de opinião mostram quão seriamente toda a Antiguidade acreditava num poeta Homero de carne e osso e não se deixava demover dessa crença por meio de todas as dificuldades pendentes a esse respeito. Nós mesmos já indicamos que os nossos grandes poetas partilhavam desse ponto de vista e queremos rememorar aqui, ainda, apenas a tomada de partida do tradutor clássico de Homero, Voss, que era da opinião segundo a qual Homero era um poeta clássico tão bom quanto os outros, que criava com consciência uma obra de arte que trazia em si mesma as regras e leis de sua existência e que deveria ser julgada por si mesma (Volkmann, p. 85). Esse ponto de vista psicológico, que procura fazer jus também poético ao poeta, foi defendido então por quase todos os pesquisadores relevantes de Homero, de tal modo que reencontrou acesso às representações [*Darstellungen*] histórico-literárias de maior autoridade. Tal como o próprio Wilamowitz (p. 378) recentemente toma Homero como um nome pessoal jônico autêntico e lhe atribui a *Ilíada* e a *Odisseia*, já antes Burkhardt (III, p. 71 ss.) viu em Homero uma individualidade poética jônica do século IX, de quem Bergk (p. 526) diz: "Homero escreveu poesia tal como qualquer outro..., ele exercia sua arte com total consciência". E Christ, resumindo as considerações a esse respeito, assere:

---

Aristóteles. ὁμηρεία, ainda, denota o ato de dar reféns (ou os próprios reféns); ὁμηρεύω, verbo, significa ser refém ou receber como refém [N. T.].

> *Nós não devemos desviar-nos dessa antiquíssima representação* [Vorstellung] *do poeta Homero a não ser que o caráter das obras conservadas e o transcurso da poesia grega absolutamente nos obriguem a isso. Mas esses fatores, longe de amparar a teoria das canções, nos levam de forma totalmente clara, ao contrário, a um único poeta, que projetou no espírito um grandioso plano para uma epopeia e subordinou as canções individuais . . ., enquanto membros de um todo maior, a esse plano. Pois uma grande e uniforme ideia perpassa inconfundivelmente todos os cantos da* Ilíada, *uma ideia tal, porém, que em todos os tempos seria trazida à vida somente por uma grande personalidade, e não gerada pelo povo, nem trazida para dentro de canções prontas apenas posteriormente. Mas também todo o transcurso da poesia grega pressupõe um poeta como esse, de grande argúcia e de audaz concepção. Uma escola de cantores e os poetas do ciclo épico, Arctino, Lesques, Estasino, puderam seguir-se apenas a um único Homero, que não combinara antigas canções, mas sim criara uma grandiosa obra própria. (p. 36 ss.)*

Em resumo, enquanto resultado da crítica homérica, tal como ela ainda hoje é praticada pelos pesquisadores dominantes, podem-se reter alguns princípios a partir das investigações ainda em curso: a *Ilíada* e a *Odisseia* são epopeias-livros [*Buchepen*], concebidos com base em poemas mais antigos, mas distorcidos através de revisões – inserções, rasuras, adições. Elas foram redigidas como obras escritas, elaboradas por um "escritor" e transmitidas somente por meio da escrita. Elas são de origem jônica e inauguram a épica literária dos gregos, que foi então cultivada na pátria-mãe segundo os modelos inalcançáveis. A igualdade de linguagem e arte da

*Ilíada* e da *Odisseia*, que já Aristarco enfatizara em contraposição às dúvidas dos corizontes, as imputa a um único redator, sobre cuja pessoa, época e pátria uma série de fábulas nos foi legada desde a Antiguidade. A fim de se chegar à correta avaliação dessas tradições assim como à avaliação de ambas as grandes epopeias criadas por esse poeta, não há – como Wilamowitz, em especial, destacou enfaticamente – nenhum outro material e nenhuma outra fonte senão as próprias poesias, a partir das quais devem ser primeiro extraídas por inferência todas as leis e exigências que haviam sido introduzidas abusivamente de fora e de alhures. Assim – como K. Fr. Hermann enunciou –, "foi-se dessa forma induzido muito frequentemente a falsos julgamentos sobre Homero, de forma a cotejá-lo com o eodo improvisador de seu tempo heroico e a contemplá-lo como um poeta da natureza. Então disso se deduziu a impossibilidade de que aquele grande todo tivesse surgido de um único homem. Mas aqueles eodos cantavam apenas o que havia de mais novo (*Odisseia*, I, 352), enquanto os poemas homéricos, que cantam apenas tempos antigos, revelam uma necessidade completamente alterada" e retornam a um mundo de lendas passado e heroico, que eles descrevem conscientemente (Meyer, p. 402).[52] A tarefa histórica resultante disso, como a havia formulado Rohde, é, portanto, perseguir a trajetória do canto heroico eólico na Tessália, desde os seus primórdios, até o plano do poeta jônico. Para dar conta dessa tarefa, devem-se retomar todos os problemas que a crítica de Homero levantou no curso de seu demorado trabalho de pesquisa, e, nisso, também raios de luz incidem sobre a poderosa importância histórico-cultural da épica homérica, que jaz em solo jônico no cume desse processo de desenvolvimento e que,

52 Esta é a terceira vez que Rank cita Eduard Meyer (1855-1930), importante historiador alemão da Antiguidade, mas é a primeira citação com uma paginação; pode ser que Rank se refira à sua obra-mestra, *Geschichte des Alterthums* [*História da Antiguidade*], de cinco tomos, publicada entre 1884-1902 [N. T.].

enquanto o ponto mais antigo do desenvolvimento cultural grego que se pode alcançar com um conhecimento claro, lança uma luz a concepções antiquíssimas, já esquecidas em seu tempo, assim como torna compreensível também o crescimento posterior, por gerações a fio, da poesia épica da pátria-mãe.

Assim, após mais de um século de trabalho científico, os esforços por compreender de modo claro a essência da épica popular [*Volksepos*] parecem ter fracassado, na medida em que as dinstinções com relação à épica artística [*Kunstepos*] se esfumaram cada vez mais, e a pesquisa começa a pender novamente ao ponto de vista ingênuo da Antiguidade. Bergk nem sequer receou enunciar a sentença resignante de que a oposição entre poesia popular e artística não era aplicável para a literatura grega. E recentemente John Meier,[53] em seu Discurso da Reitoria da Basileia (*Werden und Leben des Volksepos* [*Devir e vida da épica popular*]), definiu a poesia popular como aquela que vive na boca do povo, mas na qual o povo não sabe nada sobre direitos autorais individuais. Na realidade, como o finlandês Setäläs enfatiza, poesia popular [*Volkspoesie*] é algo tão individual quanto poesia artística [*Kunstpoesie*], e Meier, também por meio de pesquisa comparativa, chega à conclusão de que uma epopeia popular [*Volksepos*] não existe de forma alguma. A *grande epopeia* artisticamente uniforme, tal como os gregos, indianos, germânicos e franceses geraram, e que é ao mesmo tempo poesia épica popular, pressupõe um indivíduo artístico, em cuja suposição ainda subsiste apenas o problema da relação entre individualidade e material. Da mesma forma o conceito de "poesia da coletividade", tal como recentemente O. Immisch buscou defini-lo em oposição à épica popular e Wundt (p. 364) em seguida buscou concebê-lo psicologicamente, pressupõe a autoria de muitos

53 John Meier (1864-1953) foi um medievalista alemão. Rank se refere à sua aula inaugural, de 1907, publicada em 1909. Não confundir com Eduard Meyer, da nota anterior [N. T.].

redatores, é verdade, mas em última instância de redatores *individuais*, de forma que Wundt, com a consistência necessariamente exigida pelo ponto de vista psicológico, pensa que a épica popular surgiu por meio do trabalho de vários poetas individuais, isto é, em certa medida a partir de várias epopeias artísticas, e, por conta da insuficiência da transmissão histórica, deixa como possibilidade remanescente apenas a transmissão psicológica (I, p. 302). Isso mesmo, no entanto, não é de forma alguma tão fácil de verificar quanto pode imaginar a psicologia escolar. Sempre que se queira compreender o surgimento dos poemas, trata-se certamente, em todo caso, de realizações poéticas e, além disso e segundo o juízo concordante de todos, da mais perfeita espécie, que se submetem às leis, conhecidas pela psicologia, da formação poética da fantasia e por meio destas devem tornar-se compreensíveis, tanto nos méritos quanto nas imperfeições aderentes a eles. Por conseguinte, numa aplicação das leis reconhecidas pela psicologia da formação da fantasia, nós temos primeiro de dispensar todas as questões que a crítica da épica popular colocou e que foram respondidas de modo tão contraditório, e trazer a primeiro plano o problema a ser solvido apenas por uma perspectiva psicológica: de que modo a fantasia poética foi influenciada pelo legado tradicional de material lendário, subsistente por motivos históricos, e pelos temas [*Motive*] e formas míticas e poéticas herdadas. Mas isso não quer dizer nada mais nada menos do que separar o que é sedimentação histórica, o que é criação coletiva de lendas [*volksmäßige Sagenschöpfung*], ou melhor, o que é um bem mítico e fabuloso, daquela participação que teve a fantasia poética, que engendra segundo as leis conhecidas, na recriação [*Neuschöpfung*] a partir desse material herdado. Isso certamente sempre foi, em última instância, a tarefa e o objetivo de toda a pesquisa sobre a épica, mas uma solução para essas questões, decisivas que são para toda a história da Grécia Antiga, não podia ser alcançada sem critérios psicológicos seguros. Em seu campo de atividade mais próprio, no esforço de examinar em seus fatores reais a vida de fantasia de pessoas com distúrbios psíquicos, a psicanálise pôde constatar, por uma árdua pesquisa, certos critérios que permitem compreender a fantasia na utilização de vivências efetivas e separar, até um certo grau de certeza, o fundamento real do elemento fantástico e mostrar a quais alterações a realidade subjacente se submeteu ao ser elaborada no mundo da fantasia.

# A épica popular – Contribuições psicológicas para a sua gênese: II. A formação poética da fantasia (1919)[1]

*Nós buscamos dar uma perceptibilidade sensível a*
*todos os nossos desejos e cálidos impulsos,*
*que na verdade nos levam para o futuro,*
*a partir das imagens do passado,*
*para que eles ganhem a forma que o presente*
*não lhes pode proporcionar.*

Richard Wagner

A essência do criar poético é – apesar de promissores *insights* isolados – ainda tão obscura psicologicamente, que poderia parecer que nós trocamos uma dificuldade historicamente irresolúvel por um problema não resolvido pela psicologia individual, quando intentamos avançar na compreensão da épica popular partindo da formação poética da fantasia.[2]

1 Tradução de: "Das Volksepos – Psychologische Beiträge zu seiner Entstehungsgeschichte: II. Die dichterische Phantasiebildung", *Imago*, 5(5/6), 372-393.

2 *Dichterische Phantasiebildung*, no original, termo constante também do título do ensaio. Com esse termo, Rank não quer dizer que a fantasia tem um processo poético de formação, mas sim que a fantasia pode *formar* coisas de modo poético (obras de arte, por exemplo) [N. T.].

Até agora, não só a estética, com sua problemática e sua metodologia limitada, teve em última instância de fracassar no entendimento da criação e do efeito poético, mas também a psicologia, finalmente invocada enquanto ciência auxiliar, não causou decepção menor, na medida em que se esgota na descrição de conteúdos da consciência. Embora do ponto de vista da patologia a psicanálise tenha lançado uma ofuscante luz na parcela essencial e pouco translúcida da formação *inconsciente* da fantasia, no âmbito da arte, que beira diversas coisas inconcebíveis, ela foi capaz de fornecer apenas *insights* esporádicos sobre os complicados processos da produção poética, os quais ainda não medraram numa exposição conclusiva.[3]

Mesmo assim, a análise das atividades da fantasia humana já assegurou alguns fatos fundamentais cujo conhecimento é capaz de nos preservar definitivamente de mal-entendidos e equívocos similares àqueles que vemos, na disputa secular sobre a épica popular, ser combatidos de modo tão obstinado quanto são defendidos. Enquanto alguns pesquisadores perspicazes há muito advertiram para não se julgar o desempenho poético de acordo com as regras de uma lógica aguda, à qual, aliás, poucos sistemas filosóficos resistiram, a psicanálise fortalece esse argumento ao comprovar que as fantasias derivam do inconsciente, o qual trabalha segundo suas próprias leis, alheias à consciência. Por um longo tempo, quis-se privar mesmo a uma certa poesia "ingênua" as prerrogativas inalienáveis da nossa prática artística altamente desenvolvida, e foi somente depois que se deram conta de que nenhum artista autêntico abriria mão de aproveitar inescrupulosamente o momentâneo efeito artístico às custas da lógica, da probabilidade e da psicologia. E quanto mais isso é válido para a criação entusiasmada do

3 Cf., além das esporádicas observações fundacionais de Freud, os trabalhos do autor: *Der Künstler* [*O artista*], 2ª e 3ª edições aumentadas (1918), e *Das Inzest-Motiv in Dichtung und Sage* [*O tema do incesto na poesia e nas lendas*] (1912) [N. A.].

cantor, originada do afeto desinibido, que sabe colocar seus ouvintes num estado de excitação semelhante! Ao fazer isso, nós de início prescindimos inteiramente do conteúdo da fantasia poética, o qual, determinado pela pré-disposição e pelas vivências, moldado por "poesia e verdade", se revela facilmente acessível à análise e, por meio da recondução ao material bruto utilizado, inaugura uma primeira compreensão sobre algumas das peculiaridades da criação e da fruição poética. Uma outra fonte para a nossa compreensão que se deve igualmente excluir deste contexto emana do estudo instrutivo da *técnica* poética propriamente dita, que serve para transformar a matéria-prima anímica na obra de arte formalmente apropriada e agradável para o público.

Os problemas altamente complicados da formação poética da fantasia só podem ser compreendidos caso tenhamos sucesso em captar a essência da atividade *humana universal* da fantasia, sobretudo em sua importância anímica. Ora, são precisamente as espécies mais universais e contínuas nas quais a vida humana da fantasia se desenvolve as que foram estudadas mais minudentemente e esclarecidas mais completamente pela psicanálise: em primeiro lugar o *devaneio* [*Tagtraum*] e o *sonho noturno* [*nächtliche Traum*].[4] Em especial, o primeiro é tão característico, que foi tomado mesmo como um protótipo do fantasiar e designado simplesmente com o nome "fantasia". O devanear é um fenômeno tão universal que nós, para a investigação subsequente, queremos partir da sua compreensão, tal qual transmitida pelas pesquisas analíticas de Freud. Em vez de um exemplo, que qualquer um pode facilmente fornecer a partir da própria experiência, eis aqui a simples fórmula dessa

4 Convém relembrar que o termo *Tagtraum* designa literalmente o sonho que se tem de dia (*Tag*). Às vezes, traduz-se por "sonho diurno". Optamos por "devaneio", termo mais corrente em nosso português. Rank, como Freud, por vezes brinca com as similaridades e as diferenças entre os sonhos diurnos e os noturnos [N. T.].

formação ingênua da fantasia, que sob a influência de privações, temores e desejos do *presente*, a eles ligados, forma a imagem de um *futuro* que realiza esses desejos. Numa análise mais minuciosa, no entanto, esse conjunto simples de fatos psicológicos se comprovou não inteiramente satisfatório diante do efetivo processo de formação da fantasia. Na pesquisa sobre as fantasias inconscientes, e especialmente aquelas que fornecem o fundamento dos sonhos noturnos, Freud descobriu que o *passado* tem uma influência determinante na configuração da fantasia que se realiza no tempo futuro [*Zukunftsphantasie*]. O homem remonta às priscas eras do seu passado, nas quais aqueles desejos ainda se realizavam, e insere traços delas na fantasia que se realiza no tempo futuro. Ele deseja então, na verdade, que pudesse ser *novamente*, no futuro, tal como havia sido outrora no passado.

Assim, segundo a formulação de Freud, a fantasia oscila

> *entre três tempos, por assim dizer, os três fatores temporais do nosso representar. O trabalho anímico inicia com uma impressão atual, uma ocasião do presente que foi capaz de despertar um dos grandes desejos da pessoa, a partir daí remonta à lembrança de uma vivência anterior, em geral infantil, na qual aquele desejo se realizava, e cria agora uma situação relativa ao futuro, que se apresenta como a realização daquele desejo, ou seja, o devaneio ou a fantasia, que agora traz em si os traços de sua origem tanto da ocasião [presente] quanto da lembrança. Passado, presente, futuro, portanto, se enfileiram um pós o outro, como se no cordão do desejo a atravessá-los.*[5]

5 Freud, S. (1908). *Der Dichter und das Phantasieren*. Versão brasileira (*O escritor e a fantasia*), p. 337. [N. T.]

Para facilitar a compreensão das modificações e complicações pelas quais esse caso, relativamente o mais simples, da fantasia no decurso da nossa investigação, seja-me permitido torná-lo visível mediante um pequeno esboço esquemático:

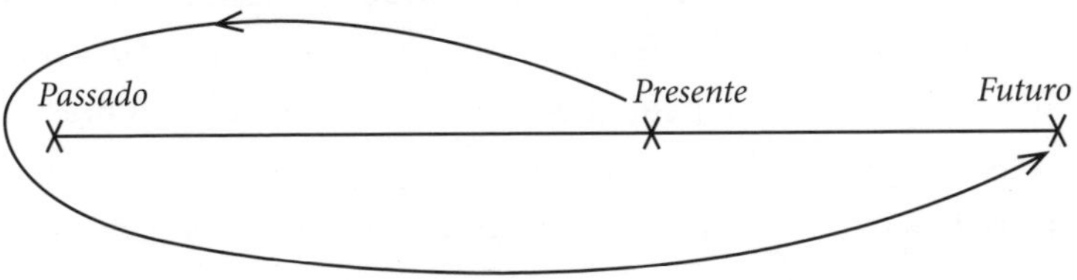


Setas indicam a direção que o desejo (necessidade, nostalgia) toma.

**Figura 1** Devaneio.

A temporalidade tripla, que em sua forma mais pura domina – mesmo paradigmaticamente – o devaneio, pode ser nitidamente reconhecida e acompanhada também no *sonho noturno*; a diferença para com o devaneio, porém, é que a realização de desejo que configura o futuro – devido às peculiaridades da formação do sonho – é *por regra* apresentada e sentida como algo presente, o que no devaneio é também frequente, mas de maneira alguma uma condição; pois muito amiúde também no devaneio desperto o futuro desejado é configurado de forma tão intensiva, que é sentido como algo presente e de forma muito imediata, em vez da realidade insatisfatória: para o devaneador, o futuro aparece posto no lugar do presente, coincide em alguma medida com ele. Ora, isso é a regra no sonho noturno, no qual o presente é representado pelos restos diurnos, na condição de verdadeiros excitantes do sonho, ao passo que no devaneio o presente, sempre retido pela consciência desperta, se funde com o futuro numa coisa só. A fantasia diurna, portanto, fornece uma vivência que aponta para o futuro; o sonho noturno, uma vivência que é tomada como presente, embora seja um futuro determinado pelo passado, e é regularmente referida ao futuro também pela interpretação popular. Comum a ambos, porém, é a tendência para a frente, que parece dominar também a formação poética da fantasia. No estudo do fantasiar precedente à formação neurótica de sintoma, Freud reconheceu o tipo puro do devanear como significativo para as produções literárias do *romancista* (*Der Dichter und das Phantasieren* [*O poeta e o fantasiar*]), sendo aí indiferente, então, que ele instale o material no presente, no passado ou no futuro. O *dramaturgo*, por sua vez, inclina-se mais para a exposição e para o efeito de presente tais como se encontram no sonho, ele de fato reproduz diretamente, na técnica visual e cinemática, o caráter do sonhar noturno.

Para a épica, entretanto, é significativo um outro tipo de fantasia, igualmente tornado mais translúcido por Freud, aquele que leva à formação das *memórias infantis* do indivíduo. Após muitos anos de estudo aprofundado daquilo que é lembrado pelo adulto da sua infância, amiúde surpreendentemente precoce, adveio o resultado inesperado: os homens de forma alguma recordam das suas vivências infantis aquilo em que eles mesmos creem e que fingem saber. Em vez disso, a psicanálise pôde mostrar que a maioria das memórias infantis mais importantes são "feitas" pelo adolescente nos anos da pré-puberdade e nisso são submetidas a um complicado processo de reelaboração, o qual, segundo Freud, "*é análogo à formação de lendas de um povo a respeito da sua pré-história*".[6] Sob a influência de desejos e intenções que dominam esse período, de todo o domínio das impressões infantis é escolhido aquilo que corresponde a essas intenções, somente isso é retido pela memória como lembrança consciente, e o restante sucumbe à assim chamada

6 Freud, S. (1909). *Bemerkungen über einen Fall von Zwangsneurose*. Versão brasileira: *Observações sobre um caso de neurose obsessiva* (Obras completas de Sigmund Freud, vol. 9 [1909-1910]), p. 68 [N. T.].

*amnésia infantil*. Nisso, o material assim eleito pode ser reelaborado e novamente ordenado de modo apropriado a objetivos, mas também bastante livre. Como resultado pode ocorrer que muitas das supostas lembranças infantis sejam historicamente inverídicas, embora elas sejam constituídas por autêntico material mnêmico.

No esforço por desatar os fios firmemente trabalhados em conjunto dessas teias da fantasia, Freud discerniu os critérios decisivos para a separação das diferentes camadas do material. Antes de tudo, de acordo com ele, nós não devemos imaginar os produtos dessa atividade fantasiante "como algo rijo e imutável. Eles se ajustam, antes, às mutáveis impressões da vida, alteram-se com cada oscilação da situação da vida, recebem uma assim chamada *marca temporal* de cada nova impressão eficaz", a qual representa o seu respectivo presente. Ademais, a proposição da formação das "lembranças infantis" no período da pré-puberdade não deve ser compreendida como se o indivíduo tivesse a liberdade de fantasiar agora um passado agradável qualquer. Pelo contrário, ele está estritamente atado aos traços das suas próprias memórias, de cujo caráter incompatível a formação da fantasia recebe mesmo o seu incentivo, e os quais ela só é apta a amenizar, encobrir, reelaborar. Por outro lado, o presente, com seus objetivos já alcançados e com o grau de suas exigências, determina a formação da fantasia de modo igualmente inevitável, de forma que a atração exercida pelo material infantil e a adaptação demandada pelas coisas atuais cooperam em igual medida.

Quando da análise desse processo de reelaboração ao qual os pedaços de memória se submetem ao serem transportados para a imagem mnêmica coerente, conheceram-se também os motivos que inconscientemente obrigam o indivíduo a adornar fantasticamente o seu passado. Eles são fáceis de compreender caso se saiba o quanto um ser humano em crescimento costuma envergonhar-se de suas atitudes e atividades infantis, como a lembrança disso perturba a sua autoestima, que luta por se consolidar, e como ele, "um verdadeiro historiador, quer olhar para o passado à luz do presente". Assim, as "poesias" sobre a pré-história, formadas num período posterior, trazem em si todos os sinais de um ajuste deformador e embelezador dos fatos, que pode chegar até a completa transvaloração da molesta verdade histórica em seu oposto desiderativo. Entrever e desfazer esse processo de distorção, ao qual se submete necessariamente um passado tornado penoso ao se olhar para trás, pela perspectiva do presente, é o pressupsoto mais importante para a compreensão da formação individual de memórias.

À diferença do devaneio, ela não parte de uma insatisfação com o presente, mas sim de uma insatisfação com o passado; da mesma forma, segundo a sua natureza ela mira – também em contraste com o devaneio – o passado, isto é, ela é *virada para trás*, e esgota a sua tendência a formar algo em conformidade com o desejo na *idealização do passado*, tal como os devaneios o fazem na criação de um futuro melhor. No efeito de colocar algo no lugar do real, porém, encontram-se ambos os tipos de formação da fantasia humana, cujo material também nos dois casos é determinado pela indelebilidade das impressões da infância. Ora, o devaneio utiliza de forma imediata o material da infância apropriado ao desejo como um fator formador do futuro, enquanto a formação de memórias rejeita as experiências infantis *incompatíveis* com o eu em crescimento, a fim de substituí-las por experiências que sejam mais adequadas ao eu. No essencial, portanto, a formação de memórias é um fantasiar voltado para trás, cujo resultado é colocado no passado e inclusive substitui um outro passado real, enquanto aquele que devaneia substitui o seu presente real por um outro presente psicológico. O esquema do devaneio apresentado acima sofre na formação de memórias, pois, uma modificação significativa:

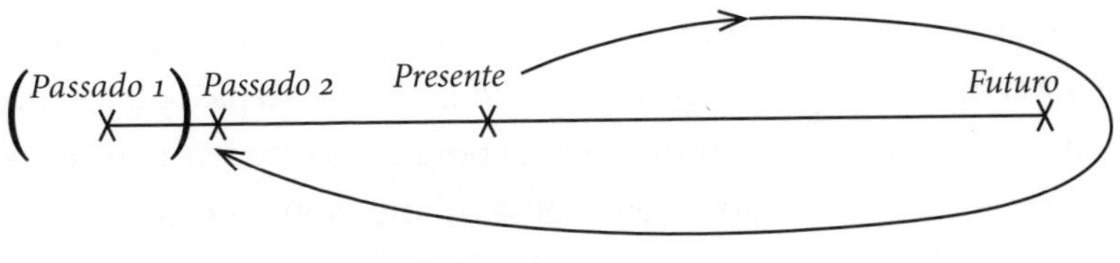


**Figura 2** Formação de memórias.

Nesse processo, os desejos do homem para o futuro são lançados no passado, enquanto o devaneador os põe no presente. No devaneio, o homem faz do seu passado o futuro, na formação de memórias ele faz do seu futuro o passado. No devanear, o motivo é a insatisfação com o presente – tendo-se um passado mais satisfatório; na formação de memórias, a insatisfação com o passado – tendo-se um presente mais satisfatório. Obviamente, não se deve esperar uma correspondência total, pois o passado sempre mantém sua importância, enquanto o futuro indeterminado nem sempre tem uma, e no devaneio se apoia no passado, ao passo que na formação de memórias se apoia no presente.

Decidindo-nos, em prol da clareza, a denominar *tempo de representação* [*Darstellungszeit*] o tempo em que atua a fantasia já formada,[7] então resulta para o esquema da formação de memórias a seguinte correção complementar:

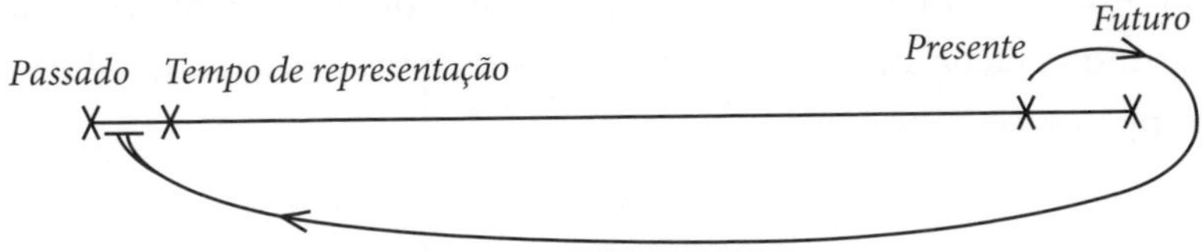


**Figura 3** Formação de memórias.

7 *Darstellung* pode significar "representação", "apresentação" ou "exposição". O "tempo de[a] representação" indica, então, o ponto ou período em que transcorrem as ações ou cenas representadas ou expostas na/pela fantasia [N. T.].

Como é evidente, portanto, na formação individual de memórias o tempo de representação quase coincide com o passado, assim como o presente com o futuro – aqui pouco enfatizado –, que aparentemente está de todo ausente. Nisso, o indivíduo forma, a partir do tempo de representação, um novo passado pleno de desejo, que jaz entre o passado propriamente dito e o presente nem sempre temporalmente, mas sim psicologicamente, enquanto o futuro se funde com o presente numa coisa só. No fundo, todavia, essas formações da fantasia sobre a infância correspondem na verdade aos desejos do indivíduo para o futuro, que são lançados, porém, no novo passado mediante um esquisito *roque*.[8] Aqui, portanto, subsistem manifestamente dois passados – o real e o psicológico –, assim como no sonho noturno os dois presentes correspondentes, e nos dois casos o futuro fantasiado de acordo com os desejos se crava no respectivo tempo duplicado.

Após termos assim estabelecido e esquematicamente explanado as leis psicológicas e os mecanismos dos principais tipos do fantasiar humano, pode-se esperar que nos deparemos com processos similares em princípio na configuração poética da fantasia e especialmente na criação da épica, tão congênere que é da formação de memórias. Contudo, nós temos de estar preparados para encontrar na poesia outros esquemas do fantasiar, os quais, porém, com modificações mais ou menos importantes, provavelmente podem ser todos reconduzidos ao devaneio e ao simples esquema de três tempos subjacente a ele.

---

8 Aqui, Rank usa o termo enxadrístico, que caracteriza um movimento especial, em que o rei e uma das torres trocam de lugar. Com essa jogada, geralmente se pretende proteger o rei, que sai do centro do tabuleiro e toma guarida num dos seus cantos. Ao "rocar", o rei anda lateralmente duas casas, e a torre escolhida passa "através" ou "por trás" do rei, ficando na primeira casa ao seu lado, após o "salto" [N. T.].

Antes de colocarmos à prova o ponto de vista desenvolvido no exemplo transparente de uma epopeia popular para a compreensão do seu devir histórico e de seus motivos anímicos, devemos mostrar em algumas poesias *individuais*, características e por isso especialmente instrutivas, como o efeito da lei dos três tempos, imanente à fantasia poética, se manifesta no material e em sua configuração poética.

Os três exemplos seguintes são escolhidos e ordenados de tal forma que o material de *Macbeth*, de Shakespeare, aquele que chega mais perto do tempo épico primevo [*Urzeit*] com suas obscuras fontes míticas, é o último a ser discutido; em segundo lugar está o drama *Die Hermannschlacht*, de Kleist, formado de modo nitidamente tendencioso a partir de bases históricas; as poesias de Macaulay, por sua vez, arcaizantes e anacronizantes de modo totalmente consciente, devem ser antepostas, a fim de formar uma cadeia visível que vai do caso mais transparente de manejo ponderado e consciente do esquema dos três tempos até o processo de formação da épica, que decorre completamente no desconhecido.

## *1.* Lays of ancient Rome, *de Macaulay*

As canções heroicas de Macaulay sobre a Roma antiga são muito instrutivas para a nossa investigação, porque nelas se revela uma imitação artificial, feita de modo completamente consciente, daquele recurso artístico que Freud descreve como uma lei imanente da formação poética e inconsciente da fantasia.

Num prefácio aos poemas, o grande historiador inglês, que aqui aparece enquanto poeta, dá informações sobre a origem e o intuito dessas estranhas poesias. Baseado na concepção de Perizonius, mas especialmente de Niebuhr, segundo a qual os fabulosos poemas romanos seriam um derivado de uma poesia épica desde cedo perdida, Macaulay empreendeu outorgar clareza visível a essa hipótese perspicaz, ao tomar o caminho desse desenvolvimento, das antigas baladas rumo à história, na direção contrária, "isto é, transformar certas partes da antiga história romana novamente na poesia da qual provieram".[9] A maneira engenhosa e delicada com a qual conseguiu fazer isso, apoiando-se em modelos épicos confiáveis, diz tanto do profundo e abrangente olhar histórico quanto do seu talento poético. Aqui, contudo, devemos ocupar-nos somente com o peculiar ponto de vista *temporal* que o restaurador da antiga poesia romana das baladas teve de adotar em sua condição de inglês moderno, do século XIX. Sobre isso, diz Macaulay no prefácio:

> *Nos poemas seguintes, o autor fala não em sua própria pessoa, mas nas pessoas de antigos menestréis que sabem apenas o que um cidadão romano, nascido trezentos ou quatrocentos anos antes da era cristã, poderia supostamente saber, e que de forma alguma estão acima das paixões e preconceitos da sua época e da sua nação. A esses poetas imaginários têm de ser atribuídos alguns erros . . . O erro real seria representar esses antigos poetas como profundamente versados em história geral, e estudiosos com precisão cronológica.*

Sob essa condição prévia, o poeta canta a tradição de Horatius Cocles, que, por meio de sua defesa heroica da ponte de Tibério, salvou Roma da tomada de Lars Porsena e seus aliados; mais adiante, a batalha no mar Regillus, em que os heróis míticos Castor e Pólux, diz-se, obtiveram a vitória ao lado dos romanos; então o assassinato de Virgínia, ameaçada pelos prazeres do tirânico Appius

9 Todas as citações são da tradução da *Reclams Universalbibliothek*. [N. A.]. [Para a nossa tradução, utilizamos a versão original do livro de Macaulay, tal qual foi publicada em Londres, em 1846, por Longman, Brown, Green e Longman. N. T.].

Claudius, pela mão de seu pai; e finalmente a profecia de Capys, que encarrega Romulus de fundar a cidade eterna. O poeta, que, além de seus interesses históricos, também tinha motivos políticos e pessoais de sua contemporaneidade inglesa para a equiparação da sua Londres democrática com a burguesia[10] de Roma, coloca a si mesmo no ponto de vista de um poeta romano de baladas, que canta, 300 ou 400 anos a.C., eventos dos tempos primevos [*Urzeit*] de Roma. O poeta do presente apresenta [*darstellen*] um material passado por meio de um antigo (e fictício) poeta, e nisso o tempo da representação [*Darstellungszeit*] coincide com o antigo presente. Trata-se, aqui, pois, de um tipo conscientemente regressivo do fantasiar, em que se produz o curioso caso de dois presentes, enquanto o tempo da representação aparece como um tipo de "co-passado" ["*Mitvergangenheit*"].

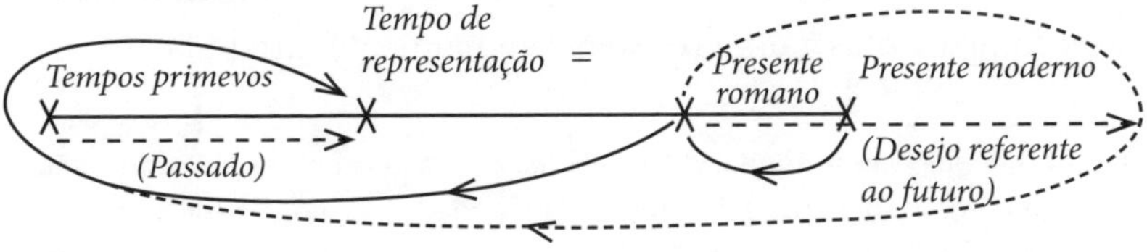


**Figura 4** Macaulay.

Essa complicação do esquema, na qual a ênfase principal é posta nos ensejos para a poesia, é compensada pelo fato de que, pela via da criação artificial de epopeias, o antigo poeta revela um realce extremamente claro de sua tendência para o futuro, que para o poeta moderno já pertence ao passado. O futuro é aqui figurado de modo tão glorioso quanto o passado, e o fato de um passado afamado – em contraste com o passado que tem de ser reprimido na construção de

10 *Bürgertum*, no original, que também pode significar "classe média". Convém lembrar que *Bürger*, em alemão, designa o "cidadão", muito simplesmente, e não o "burguês" como o entendemos em nossa língua [N. T.].

memórias – possibilita, sem a necessidade de correções, um puro deslocamento do material do passado desde os "tempos primevos" [*Urzeit*] até o "tempo da representação" [*Darstellungszeit*].

Ademais, esse caso se destaca ainda pela refinada motivação dos ensejos simulados para as poesias, que insinuam o fator impulsor e os três tempos dentro do próprio período romano. Diz-se, por exemplo, que a canção heroica de Horatius foi composta por volta do ano 360 após a fundação da cidade, isto é, "cerca de 120 anos após a guerra que ela celebra, e imediatamente antes da tomada de Roma pelos gauleses". Com essa observação, Macaulay dá a entender que o ensejo para a poesia tem de apresentar relações com seu material, e que o cantor pode deslocar-se assim facilmente do presente até os tempos primevos [*Urzeit*], porque a situação da sua terra natal ameaçada é a mesma, e ele tem os mais fortes motivos para, por meio da apoteose do nobre ato do salvamento, incitar seus compatriotas a uma resistência igualmente intrépida.[11]

11 Um exemplo muito similar de *arcaização* consciente, que foi associado, aliás, a Homero, se encontra já na própria Antiguidade, nos poemas de Tirteu, que apresenta relações com as antigas elegias jônicas, as quais, por sua vez, se presume terem deixado traços na *Ilíada*. De acordo com Mülder (*Homer und die altjonisme Elegie* [*Homero e a antiga elegia jônica*], 1906), o caráter militar e politicamente didático da elegia emerge em várias passagens da *Ilíada*. Mülder pretende inclusive estabelecer uma relação entre as palavras com que Príamo busca impedir seu filho de lutar e as palavras pelas quais Tirteu (X, 21 ss.) incita a hoste à luta (X, 71 ss.). Mülder indica que o plano inteiro da *Ilíada* pertence a um período cujo estilo de luta era essencialmente diferente daquele da era cavalheiresca que havia produzido outrora o canto heroico, mas era condizente com aquele que se pressupõe na elegia jônica. As poesias de Tirteu, em especial as canções de luta, têm as lutas por Esparta como objeto e mostram, segundo Cauer (*Grundfragen der Homerkritik* [*Questões básicas da crítica homérica*], 2ª edição, p. 530) uma falta de pano de fundo histórico específico; elas se revelam como ficções em cuja criação um antigo acervo de poesia jônica parece ter sido utilizado. Como mostrou Eduard Schwartz (*Hermes*, 34, 1899, p. 428 ss.), elas surgiram em Atenas, na época da Guerra do Peloponeso, e apenas foram postas na boca de um espartano. A tensão posterior entre Atenas e Esparta parece

De modo similar, embora nem sempre enfatizado tão agudamente, emerge na poesia fictícia de Macaulay o ensejo do presente para a criação poética, que não é, porém – como estamos acostumados a ver nos poetas modernos – de natureza puramente pessoal, mas é pensado, antes, de forma mais genérica e mais próximo da coletividade. No entanto, já que o poeta verdadeiro se extravia completamente por trás do poeta simulado, nós somos privados do interesse por seguir os traços do ensejo pessoal do cantor real e da tendência a que há de servir o seu disfarce histórico. Por isso, queremos prestar especial atenção a esse aspecto do tema em nosso próximo exemplo.

## 2. Die Hermannschlacht *[A batalha de Hermann]*, *de Kleist*

Nessa poesia engajada pura,[12] composta por um autêntico artista, o ensejo atual jaz muito evidente. É a delicada situação da Alemanha após as exitosas guerras napoleônicas, que – além de motivos

---

aqui ter sido transferida para o período anterior, da assim chamada Segunda Guerra Messênica (no fim do século VII a.C.). Wilamowitz (*Textgeschichte der griech. Lyriker* [*História textual dos líricos gregos*], 1900, p. 97 ss.) reconheceu que a tralha antiga utilizada nas poesias posteriores de Tirteu calham à posição política e militar de Esparta em 650, e que essa coincidência foi possivelmente o ensejo para que o poeta renovasse (atualizasse) os antigos cantos. Wilamowitz presume que o ensejo pessoal do poeta seja que Tirteu, o dórico que conduziu os guerreiros espartanos à luta contra os messênios decadentes, se serviu das formas da poesia jônica para as canções com que os encorajava a lutar. Que em Tirteu, assim como em Homero, se afixe a lenda do mestre-escola coxo é algo mencionado apenas a título de curiosidade [N. A.].

12 *Tendenzdichtung*, no original; a expressão francesa correspondente é *littérature engagée*, que utilizamos aqui. Diz respeito àquele tipo de composição literária cujos francos objetivos se pautam em campos extraestéticos, como o da moralidade, política, religião. Por isso, é uma literatura *engajada* – ou *panfletária*, a depender de como é abordada [N. T.].

de natureza puramente pessoais – transforma "o infeliz poeta do amor" (Siegen) no cantor patriótico do ódio e da vingança.

Em maio de 1808 nós vemos o criador de *Käthchen von Heilbronn* entusiasmar-se com o material de *Hermannschlacht*, e em poucos meses o drama patriótico estava concluído. O sentimento nacional de Kleist havia se inflamado especialmente pelo ódio a Napoleão, esse "espírito maligno do mundo"; por outro lado, no entanto, enquanto venerador do gênio, Kleist teve de lutar à força contra uma parcela de admiração por ele (Meyer-Benfey, p. 291). A partir dessa atitude pessoal ambivalente, bem compreensível para a psicanálise, perante o poderoso conquistador, explica-se facilmente que o ressentimento de Kleist tenha atingido o seu clímax quando Napoleão estava no ápice do seu poder – após a reunião dos dois imperadores em Erfurt (27 de setembro de 1808). Após a batalha dos três imperadores em Austerlitz (2 de dezembro de 1805), o poeta havia esperado somente por um "belo declínio", mas apenas após a dupla batalha de Jena e Auerstädt (14 de outubro de 1806), tão infeliz para a Prússia, sua raiva pelo provocador, o "aventureiro coroado pela sorte", rebentou todo o mal. De Königsberg, escreve ele à sua irmã: "Nós somos os povos subjugados pelos romanos. Pretende-se saquear a Europa... mas quem é que sabe como a Providência vai conduzir isso". Mas foi apenas no encorajamento geral que surgiu no decorrer de 1808 e que culminou nas esperanças de uma colaboração entre Prússia e Áustria que o poeta se entusiasmou e se viu apto a "mostrar ao povo alemão e a seus príncipes, no espelho do passado, o que o presente exigia deles: que se mantivessem juntos fielmente contra o opressor Napoleão, pois ele se refere a este e aos franceses ali onde menciona Varo e os romanos" (Siegen, LXXXVI).

A poesia foi concluída entre maio e dezembro de 1808, num período, portanto, após os pesados golpes do destino dos últimos anos e antes de um renovado crescimento que pudesse dar esperanças também de um novo libertador dos germânicos. Mas o poeta havia se adiantado, como ocorre tão frequentemente, ao desenvolvimento das coisas, e o seu chamamento entusiasmado encontrou de início ouvidos surdos, de modo que Kleist antepôs ao manuscrito, que não pôde ser impresso por conta das nítidas alusões às circunstâncias da época, o mote resignado:

*Ai de ti, minha pátria! tocar a lira para tua glória,*
*Fiel a ti no peito, proibiram a mim, o teu poeta.*

Quando em 1813, a Alemanha, que recentemente se reorganizara com base na aliança com a Áustria e no recrutamento militar universal introduzido por Scharnhorst, havia inaugurado a grande luta pela liberdade, coroada com a Batalha das Nações em Leipzig,[13] o sonho profetizado pela boca do poeta estava perto de se realizar. Mas apenas após a vitória de 1870-1871, quando a Alemanha, agora também unificada internamente, manteve-se poderosa e se realizara tudo que o poeta desejara dada a abundância da necessidade, era chegado o tempo em que o povo pudesse acolher a sua obra. (Uma apresentação por ocasião do quinquagésimo aniversário da Batalha das Nações de Leipzig – em 18 de outubro de 1863 – não deixou impressão duradoura.) "O júbilo após o colapso e pela pátria unida, que não havia sido expresso em uma poesia recente, se reencontrou nessa obra" (Brahm), a qual agiu, de certa maneira, como se tivesse sido criada recentemente, apesar de o poeta permanecer inteiramente em seu tempo presente e a partir

13 Gerhard von Scharnhorst foi um general prussiano, que avançou reformas no exército e teve grande importância nos conflitos com Napoleão. Na Batalha das Nações, ocorrida em Leipzig em 1813, a França (junto a seus aliados) confrontou a chamada Sexta Aliança, composta por muitos Estados: Rússia, Suécia, Áustria e Prússia. Representou uma importante derrota de Napoleão [N. T.].

dele remontar à pré-história [*Vorzeit*] ainda obumbrada pelas névoas dos mitos, em que os germânicos haviam se livrado do jugo dos romanos.

A crítica histórico-literária julgou acertadamente que o material há muito popular e especialmente o tipo de tratamento que Kleist lhe dá, o qual difere fundamentalmente daquele de seus numerosos predecessores, é de natureza muito mais *épica* do que dramática; que, de fato, o tratamento dramático desconvém à guerra de libertação na Floresta de Teutoburgo[14] (Khull, Meyer-Benfey, Ortner, Julian Schmidt). Meyer-Benfey, que diz expressamente que tais batalhas entre povos eram o objeto preferido da antiga épica heroica, crê que o poeta teria escolhido a forma dramática apenas por conta de seu efeito enfático. Isso parece ser contradito, porém, pelo fato de que Kleist, que pode ser considerado como nenhum outro um dramaturgo nato, não logrou dominar o que havia de não dramático no material; seu instinto poético certeiro lhe aconselhou, antes, o uso do *meio épico de exposição* [*Darstellungsmittel*]: sente-se assim a falta do desenvolvimento dos personagens principais a partir das diferentes situações, do jogo de opostos, da elevação e da resolução do conflito trágico; em contraposição a isso, impera um retardo que o herói produz continuamente, e a peça se move nas formas da continuação épica em vez da progressão dramática. Com isso se coaduna a liberdade característica da épica, especialmente nas relações temporais. Encontram-se na peça incongruências copiosas, infrações históricas, cronológicas, técnicas,

---

14 Batalha ocorrida em 9 d.C. na Floresta de Teutoburgo (atual Alemanha), em que uma aliança de tribos germânicas derrotou três legiões romanas, lideradas por Varo. Com essa guerra, o Reno estabeleceu-se como uma das fronteiras do Império Romano, e diminuiu-se muito a influência romana sobre as culturas germânicas. Kleist, em seu poema, relaciona essa "batalha libertadora" ao seu tempo presente, em que os povos germânicos tinham de se libertar do jugo napoleônico [N. T.].

que, por um lado, foram apontadas como ruins para o poeta, enquanto por outro lado se viu precisamente nessa despreocupação genial com datas e documentos a proeminência de Kleist diante dos pedantescos redatores anteriores do mesmo material (Hutten, Lohenstein, Elias Schlegel, Möser, Ayrenhoff, Klopstock, Fouqué, Grabbe, Körner).

Em *Die Hermannschlacht*, o poeta deseja fornecer uma representação [*Darstellung*] das circunstâncias presentes no espelho dos tempos primevos [*Urzeit*] germânicos, notavelmente semelhantes a elas, e moderniza inconsideradamente o que é antigo, que deve ser recortado a partir da tendência atual. Assim, ele fala de um império inteiro da Germânia e de seus Estados num tempo em que havia somente nações isoladas, e revela com isso "que a forma com que ele enxerga a Germânia é em grande parte condicionada pelas condições políticas da sua Alemanha" (Brahm). De modo similar, o recurso a Marbod, o príncipe dos suevos,[15] na condição de aliado de Hermann contradiz os fatos históricos; mas o poeta precisava de uma personificação para o atual aliado austríaco, enquanto, por outro lado, retratou nos pequenos príncipes arbitrários os soberanos pela graça de Napoleão, o "espírito canino da Confederação do Reno", como "não poderia ser descrito de forma mais apropriada" (Brahm, p. 327). O poeta também procede com o deslocamento temporal dos eventos conforme os seus objetivos e, contra todas as possibilidades cronológicas, faz que Hermann participe da batalha de Ariovisto, com a qual começou a conquista da Alemanha, e que havia ocorrido 67 anos antes da Batalha de Teutoburgo, em 58 a.C.

---

15 *Sueven*, no original, um grupo de povos germânicos. No século V, fundaram o chamado Reino Suevo onde é hoje, na Península Ibérica, o país denominado Portugal [N. T.].

> *Era-lhe uma ideia familiar, nutrida por muito tempo, a de ver passado e presente numa coisa só... Assim, ele descreve junto com o libertador da Germânia o novo Hermann, que ele deseja para sua pátria. Assim como outrora o poeta de Emilia Galotti expusera circunstâncias italianas enquanto pensava nas alemãs, Kleist pensa continuamente em seus antigos germânicos ao pensar nos novos. Esse estado de espírito básico o diferencia . . . daqueles que trataram do mesmo material antes e depois dele; e a liberdade com que ele, em compensação, misturou tempos e círculos de ideias entre si leva aqui a grandes efeitos, completamente novos. (Brahm)*

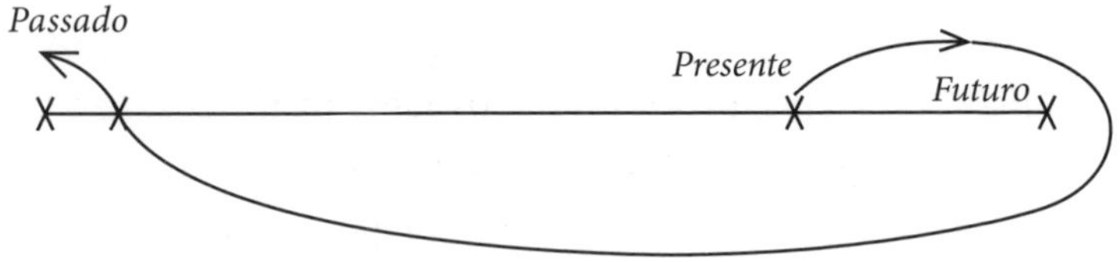


**Figura 5** "Hermannschlacht".

Assim, aqui o poderoso ensejo atual e a tendência pessoal da poesia pelo futuro, que a tudo domina, provoca uma nova modificação do esquema, que faz com que a poesia de Kleist nos apareça como um exemplo clássico de um roque, na medida em que o desejo para o futuro, cuja ênfase afetiva individual encontra uma poderosa ressonância nas esperanças do povo, que têm a mesma direção, é lançado completamente no passado, que coincide também com o tempo da representação, tal como no caso da formação de memórias. Contudo, enquanto ali se trata de um passado insatisfatório que deve ser corrigido, e na formação da épica de Macaulay se trata de um passado glorioso, que pode ser transferido inalterado para o propósito futuro, aqui o passado algo indiferente serve para influenciar o futuro; nisso, porém, intervém também uma substituição parcial do passado efetivo por um passado fictício – e melhorado. Esse caso mostra com nitidez especial como por detrás da nostalgia coletiva a nostalgia individual é o fator motriz, e como a imagem legada por Tácito de um tempo primevo [*Urzeit*] pré-histórico é rejeitada em prol de um núcleo primitivo [*urzeitlich*] *individual*, cuja predominância permite colocar a empatia (épica) referente ao povo em segundo plano, se não for por acaso que o material individual-infantil se adeque tão bem ao núcleo mítico-primitivo [*urzeitlich-mytisch*], como em *Macbeth*, de Shakespeare, a que desejamos nos voltar agora.

## 3. Macbeth, *de Shakespeare*

Nessa criação magnífica, autenticamente dramática, para além do ensejo atual e do tempo histórico da representação ao qual esse ensejo é deslocado para trás, é nitidamente reconhecível também um material mítico a representar um tempo primevo [*Urzeit*] distante, e, junto a essas fontes, os motivos pessoais e internos do poeta são tão poderosamente penetrantes e de tão grande significado psicológico, que o nosso especial interesse por essa poesia de Shakespeare, repetidamente analisada, parece neste contexto justificada.

O estímulo externo ao qual a peça ou ao menos o instante da sua concepção é atribuído é a coroação de James VI, da Escócia, que após a morte de Elisabeth (24 de março de 1603) uniu os reinos da Inglaterra e da Escócia sob um único cetro pela primeira vez como James I (20 de outubro de 1604). O novo soberano, que de início conjugou externamente em sua pessoa os reinos há muito inimigos num Estado único, foi saudado pelo povo com grandes expectativas e esperanças por um futuro pacífico e próspero. Entre os numerosos poemas de homenagem que foram oferendados ao rei à sua chegada (Brandes, p. 588), sobressai o drama de Macbeth, como é compreensível, menos pela sua tendência intrusiva do que pelo seu profundo conteúdo humano e artístico, embora Shakespeare, na condição de chefe da trupe teatral insigne, preferida do rei, tivesse tido mais motivos para fazer adulações do que a maioria dos outros poetas de ocasião. No entanto, as alusões ao evento que inaugurou um novo período da história inglesa são demasiado claras para que haja necessidade de atestados externos (Darmesteter) para situar o período de formação da peça não muito depois da festa de coroação. É fácil compreender que a história escocesa tenha se tornado "moderna" na Inglaterra com a chegada ao poder de James, e que o poeta, que, conforme presume Brandes, já havia tido impressões duradouras das paisagens e lendas escocesas três anos antes, escolheu precisamente o material de Macbeth se explica – afora o estado psíquico básico que *Macbeth* tem em comum com *Hamlet*, que surgira pouco antes (Brandes, p. 592 ss.) – pelas relações com a situação política atual, as quais podem ser intensificadas através de ligeiras modificações. Torna-se, assim, compreensível que o novo rei tenha sido homenageado, também independentemente de Shakespeare, com a história de Macbeth: como durante uma visita ocasional a Oxford (1605) por estudantes (Darmesteter, LXVI), por Warner em *Albions England* (1606) e por Slatyer em seu *Palae albion* (Kroeger).[16]

Cronistas individuais reconduzem a dinastia dos Stuarts, à qual pertencia James, até o tempo lendário de Duncan, em que toda a história escocesa se perde em mítica escuridão; com isso, esse período – jacente no limiar entre lenda e história – se oferece prontamente para a glorificação da casa real ancestral. Banquo, que segundo a fonte de Shakespeare, a *Crônica de Holinshed*, era cúmplice

16 Trata-se de dois longos poemas que narram a história da Inglaterra (ou do reino inglês). Ambos contêm, supõe-se pela descrição de Rank, a história de Macbeth [N. T.].

do assassinato de Duncan, é desonerado pelo poeta a fim de apresentar ao rei um progenitor irrepreensível; de fato, ele é eliminado pelo próprio Macbeth, e seu filho Fleance, que escapa do ataque, torna-se o portador da dinastia. As feiticeiras fazem então aparecer também os oito reais subsequentes a Banquo, que haviam regido na casa de Stuart até os dias de Shakespeare, e alguns deles, "que portam dois orbes imperiais e três cetros", fazem alusões diretas à unificação dos reinos da Inglaterra e da Escócia, ocorrida pouco antes da apresentação teatral, e à sua ligação com a Irlanda (Darmesteter, p. LXI, Brandes, p. 600). E o desfecho da peça é – similar ao que ocorre em *Richard III* e em *Hamlet* – uma alegre perspectiva para o futuro após um período repleto de homicídio e horror, tal como também James fora saudado com as melhores esperanças por uma época nova e pacífica. Um outro elogio ao rei é a introdução do nobre escocês Lenox, de cuja casa é oriundo Henry Darnley, o esposo de Mary Stuart e pai de James: há de ter sido lisonjeador ao rei que aqui o seu avô do lado paterno tenha desempenhado um papel condutor no salvamento da pátria (Kroeger, p. 204). Também a narrativa do médico, em Shakespeare (IV, 3), sobre o dom milagroso de cura súbita e profecia, a qual os reis ingleses deixaram mutuamente entre si como herança para a bênção do seu povo, significa uma homenagem ao soberano. Encontram-se também de costume alusões isoladas, do seu próprio tempo, que o poeta insere na representação [*Darstellung*] de eventos antigos.

Os eventos históricos reais, que formam a base da peça, ocorridos por volta de 1040 – daquilo que chamamos o "tempo da representação" –, só podem ser fixados com os mais escassos contornos por conta da tradição insatisfatória e enfeitada com lendas pelos cronistas, mas, como também eram provavelmente desconhecidos ao poeta, não são de maior interesse. Em seu trabalho eminentemente diligente, Kroeger seguiu passo a passo o processo de organização lendário, jacente entre sua fonte (Holinshed) e os eventos factuais, realçando sua construção aumentativa *artisticamente tendenciosa* em contraste com as lendas populares que fornecem a base para todas as grandes poesias épicas, "nas quais o núcleo histórico foi enriquecido pelo povo inconscientemente, por assim dizer em segredo, ao longo de séculos de desenvolvimento" (p. 225).

Já as primeiras representações [*Darstellungen*] minuciosas da história de Macbeth, cerca de trezentos anos após os eventos históricos, divergem multiplamente da fidelidade histórica, e o desenvolvimento posterior do material salientou tão vigorosamente os motivos poéticos e os enredamentos trágicos nele jacentes, que o poeta, que encontrou aí um forte apoio para seus conflitos e esperanças pessoais, pôde usá-los inalterados com base em sua rica estrutura dramática e tornou-se cúmplice, por assim dizer, dessa falsificação da história. Histórico é apenas o homicídio de Duncan por Macbeth no ano de 1040; o assassinato, porém, aparece aqui uma nova muito mais amena, pois pairava uma antiga culpa pelo derramamento de sangue entre as famílias Duncan e Macbeth; este, aliás, não matou o rei na condição de hóspede em sua casa,[17] mas sim na condição de inimigo no campo aberto de batalha, e havia adquirido, além disso, um direito maior ao trono através de seu

---

17 O Macbeth da lenda, incriminado por abusar o direito de hospitalidade do rei, deve ter tido um paralelo, segundo Brandes (p. 601), na vida de James: "Assim como Macbeth, visto que deve oferecer abrigo, enquanto hospedeiro, ao rei Duncan, o leva até o seu castelo, também Alexander Ruthren viajou a Perth antes de James, tão logo o rei lhe prometera uma visita. Ele estava pensativo e distraído durante o banquete que deu ao rei, como se tem de imaginar Macbeth durante a refeição festiva que ele fizera preparar para Duncan. E Alexander conduziu James até o quarto onde tentou assassiná-lo, como Macbeth leva o seu rei ao quarto do qual ele não mais sairá vivo". O poeta extrai todos os detalhes da cena do assassinato da narração de Holinshed da morte do rei Duff, que é atacado pelo comandante do castelo de Forres, e nisso também a Lady, que desempenha um papel muito importante nas crônicas, alcança a importância que lhe é outorgada pelo poeta, pois o assassino "foi incitado ao crime pelas palavras de sua esposa"! [N. A.].

casamento com Gruach. Lady Macbeth era de fato a neta do rei Duff, reinante à época, que foi morto por Malcom II, o avô de Duncan; o único irmão dela foi assassinado por ordem de Malcom e também seu primeiro marido teve um fim violento.[18] Mas também o pai de Macbeth perdeu a vida na batalha contra seu sobrinho Malcom. Dessa forma, portanto, apesar de seu parentesco distante com Duncan – em Shakespeare eles ainda são ditos primos –, Macbeth tinha o direito de exercer uma vingança de sangue para si e para sua esposa e de tomar para si o poder usurpado. É provável que ele tenha governado de forma justa e amena e que o povo escocês tenha se lembrado por muito tempo dos dias dourados sob o domínio de Macbeth, enquanto os cronistas faziam dele um tirano covarde e sanguinário.

Parece repetir-se aqui o exemplo, particularmente comum na tradição antiga, de um caráter mítico ser enxertado numa importante personalidade histórica. Simrock explica isso a partir de antigos costumes de adoração religiosa que os germânicos praticavam na Festa de Maio, para simbolizar a conquista do inverno pela primavera. No 1º de maio, todos iam até a floresta numa procissão cerimoniosa para solicitar o verão, que era representado pelo Conde de Maio ou Rei de Maio. Após a vitória sobre o inverno, ele escolhia uma esposa, a Rainha de Maio, e tudo era enfeitado com ramos de árvores cortados, de forma a parecer, no retorno, que uma floresta inteira estava vindo. Dessa "marcha de maio" ou acolhida do verão, Simrock deriva a lenda da floresta ambulante, que também se encontra na tradição hessiânica do rei Grunewald,[19] e ele indica que

---

18 Segundo a Crônica de Wintoun, por Macbeth, que matou nele o seu tio e em seguida se casou com sua esposa. Cf. as relações com o *material de Hamlet* [N. A.].

19 É do nosso interesse que Kroeger (p. 86) mencione a lenda de Hina nativa das Ilhas do Havaí, uma espécie de *Ilíada*, como congênere à lenda da floresta ambulante e remeta ao parecer de um pesquisador que designa o "valado

o tema da luta entre verão e inverno não era estranha ao poeta: já em sua primeira comédia, *Trabalhos de amor perdidos*, ele o havia utilizado; o *Sonho de uma noite de verão*, que se passa na Noite de Valburga,[20] pertence inteiramente a esse tema, e em um de seus últimos trabalhos, o *Conto de inverno*, ele novamente ressoa com nitidez (IV, 3).

Desse núcleo místico, os fios conduzem também aos ensejos e motivos pessoais do poeta, que o premiam à configuração dramática desse material e dos quais nós queremos destacar brevemente ao menos os mais importantes. Com *Hamlet*, o ano de 1601 representa um chamativo ponto de viragem na vida e na criação do poeta, que Freud tornou psicologicamente compreensível a partir da morte do pai de Shakespeare e das reações emocionais subsequentes a ela. O fato de *Macbeth* provir do mesmo estado de espírito é sugerido de forma puramente externa por uma circunstância caracterizada por Brandes (p. 595): "Somente nesses dramas os mortos retornam de seus túmulos para aparecer no palco da vida; somente nelas uma brisa do mundo dos espíritos penetra na atmosfera dos vivos. Nem em *Otelo* nem em *Lear* ocorre algo similar". – Ambos os heróis, determinados pelo destino a um grande ato, sofrem com

---

ambulante" construído pelos sitiantes para a tomada da cidade de Haupu como o intermediário ou elo entre a floresta ambulante e o cavalo de madeira de Troia. Em 1915, o pesquisador sérvio prof. Popovitsch, da Universidade de Belgrado, falou na *Londoner Shakespeare Association* (cf. Vossische Zeitung de 25 de janeiro de 1916) sobre a incidência dos temas da "floresta ambulante" e do homem nascido não de uma mulher no folclore sérvio e fez referência à pesquisadora anglicista C. Hopes, que chamou a atenção para o fato de que os homens de Kent também se serviram de ramos enquanto combatiam Wilhelm, o Conquistador, durante a Conquista Normanda [N. A.].

20 Festa tradicional pagã, celebrada sobretudo nos países germânicos entre a noite de 30 de abril e a madrugada de 1º de maio. Valburga (*Walpurgis*, em alemão) foi uma missionária anglo-saxã que viveu no século VIII; no *Martirológio Romano*, seu dia consagrado é justamente 1º de maio [N. T.].

autorrecriminações e com torturas da consciência moral: Hamlet *antes* do ato – Macbeth *depois* dele, e em ambos os casos trata-se do assassinato de um parente, que deve assegurar ao assassino o posto do predecessor. Em ambos os dramas, porém, o conflito trágico é diretamente desencadeado pela morte do pai: em *Hamlet* isso é demasiado claro, pois seu assassinato antecedente assombreia e instiga toda a ação; em *Macbeth*, ele é tocado apenas de passagem, mas é de importância igualmente decisiva para a compreensão da peça. Pois a peça começa com a profecia das três irmãs do destino, que atiçam a ambição do comandante ao cumprimentá-lo como Barão de Glamis, Cawdor e, por fim, rei e, por meio da realização inesperada das primeiras condições, dão-lhe esperança para alcançar a última, que ainda está por vir. Imediatamente após o dito das feiticeiras, Macbeth se surpreende pela sua nomeação a Barão de Cawdor. Mas ele já era, antes, Barão de Glamis, precisamente por conta da *morte de seu pai*, somente insinuada numa única linha: "com a morte de Sinel, eu sei que sou o Barão de Glamis" (I, 3).[21] Jaz, aqui, um dos pontos cruciais para o entendimento do mecanismo anímico secreto da peça: através da morte do pai, seus desejos ambiciosos e a energia necessária para realizá-los tornam-se livres. Em *Macbeth* isso é possibilitado pelo ensejo externo da mudança no trono, na medida em que o poeta pode fazer a mudança interna pessoalmente necessária agir sob a proteção, por assim dizer, da mudança social universal. Com base na morte recente de seu próprio pai, ele se identifica com o novo soberano (pai), mas acrescenta imediatamente – mesmo no drama: se eu fosse mesmo o sucessor do falecido (do pai), eu teria a sensação de ter assassinado o meu predecessor. Esse sentimento de culpa, que em Shakespeare é dominante,[22] engendra o tema do "*medo da retaliação*", isto é, o

21 Utilizamos aqui a tradução de *Macbeth* feita por Beatriz Viégas-Faria [N. T.].

22 Rank (1912). *Das Inzest-Motiv in Dichtung und Sage* [*O tema do incesto na poesia e nas lendas*], cap. VI [N. A.].

medo da prole, que por outro lado se opõe ao desejo de Macbeth por um herdeiro ao trono. Não é sem interesse que esse tema já seja insinuado na fonte que Holinshed tão somente escreveu por extenso, na crônica de Hector Boethius. Após dez anos de justa soberania, Macbeth novamente sucumbe, de súbito, ao seu caráter maligno original: "As Fúrias o aturdem e instilam nele o medo de que alguém possa fazer com ele o que ele fizera com um outro (a saber, Duncan)", e sua suspeita se volta primeiro contra Banquo e seu filho Fleance, porque a coroa é prometida a seus descendentes (Kroeger, p. 113).

Esse tema do medo diante da juventude que cresce e insiste nos seus direitos, que Ibsen personificou em *Solness, o Construtor*, que ficou igualmente sem filhos, pôde encontrar um revestimento ingênuo na representação [*Darstellung*] mítica do Gigante de Inverno firmemente entricheirado que tem de ceder ao verão iminente. O velho espírito mau defende-se com as armas que tem, mas tem finalmente de ceder à juventude verde que inexoravelmente avança, a qual o oráculo das feiticeiras anuncia por meio de uma "criança coroada com uma árvore na mão". E mesmo a consolação antecedente da criança ensanguentada: "Ninguém nascido de mulher pode fazer mal a Macbeth",[23] deve conjurar esse medo, pois ela implica que: nenhuma *criança* te fará mal. Para se estar seguro, contudo, toda a jovem geração de Macduff tem de morrer, o jovem Siward morre, os filhos de Duncan fogem e Fleance escapa ao infanticídio universal apenas enquanto o progenitor profetizado dos Stuart. Mas quando Macbeth diz a eles, assim como aos filhos de Duncan, que eles fugiram porque eles haviam matado seus próprios pais, o poeta insinua novamente o tema do medo da retaliação, graças ao qual a jovem geração, personificada no filho de Banquo, há de ser exterminada. Sua inveja por Banquo se enraíza no fato de

23 *Macbeth* (IV, 1) [N. T.].

que ele certamente não se tornará rei, mas gerará reis pelos quais Macbeth teria então acumulado todos os crimes sobre si mesmo. Assim, sua culpa trágica reside na luta desesperada contra a necessidade natural do envelhecimento e da própria retirada em prol da prole, e ele de fato desmorona porque logra apenas externamente colocar-se no lugar do pai (do rei), ao passo que não é capaz de chegar à paternidade efetiva. Aqui se entremeam novamente fortes motivos pessoais do poeta, que sabidamente estava pranteando um filho recentemente falecido de nome Hamnet, que possivelmente teriam sido corresponsáveis pelas contradições insolúveis da peça em relação à prole de Macbeth.

Além da parcela individual, fortemente pessoal e ancorada na contraditória vida emocional do poeta, ao tema principal do drama, a ausência de filhos, além das incertezas existentes na tradição lendária e das modificações exigidas pelos eventos atuais, emerge ainda um outro motivo atual, que pode ser visto como aquele que fornece o impulso consciente. A rainha Elisabeth, que o poeta odiava desde a condenação, de 1601, de seus amados benfeitores Southampton e Essex, morreu sem herdeiro e de última hora teve de nomear James, o filho de sua arquirrival Maria Stuart, como seu sucessor. Em seu esboço *Über einige Charaktertypen aus der psychoanalytischen Arbeit* [*Sobre alguns tipos de caráter encontrados no trabalho psicanalítico*],[24] Freud tentou compreender de que modo essa relação com Elisabeth pode ter sido determinante para a configuração do material. A rainha "virgem", que um rumor apregoava não ser capaz de ter um filho, e que outrora, ao saber do nascimento de James, havia num grito doloroso designado a si mesma

24 Imago IV, 1915-1916, vol. 6. [N. A.] [Versão brasileira em Obras completas de Sigmund Freud, vol. 12 (1914-1916). Companhia das Letras, pp. 253-286 – N. T.].

como "uma raiz seca",[25] certamente teve grande influência no fato de a Lady Macbeth da peça ter permanecido sem filhos. Também o próprio Macbeth, afora os fatores psicológicos e os certificados históricos desenvolvidos, havia de não ter filho nenhum por razões puramente tendenciosas, sendo apropriado que os Stuarts, procedentes da linhagem de Banquo, fossem enaltecidos. "A ascensão de James I ao trono foi como que uma demonstração da maldição da infertilidade e das bêncãos da geração sucessiva" (Freud). Parece que em *Macbeth* o poeta quis conferir expressão ao seu contentamento diante desse castigo de Elisabeth no ponto mais sensível de sua feminilidade e realeza. A rainha, há muito tempo malvista por conta de sua tirania, que de modo similar ao Macbeth da lenda não queria retirar-se, havia fornecido o modelo de como se livrar, do alto do poder, dos rivais e favoritos temidos. Ela havia mesmo feito – como Macbeth – eliminar sua parente de sangue e hóspede Maria Stuart, apenas para ser forçada, devido à sua própria infertilidade, a fazer do filho de sua arquirrival o herdeiro – exatamente como fez Macbeth com o filho de Banquo, Fleance. Então a rainha, justamente no ponto de viragem decisivo da vida interior do poeta, em 1601 – alguns meses antes da morte do pai de Shakespeare –, mandou executar seus dois amigos e benfeitores Essex e Southamptom. O quão profundamente deve ter-se enraizado a aversão do poeta por Elisabeth no momento de sua morte mostra, entre outras coisas, o fato de ele não ter participado das numerosas endechas

---

25 Cf. *Macbeth* (III, 1):

Sobre minha cabeça depositaram elas uma coroa infrutífera;
em minha mão, *cetro estéril* –
tudo para me ser arrancado por mãos de descendência indireta,
sem que um filho meu venha a suceder-me [N. A.].
[A tradução alemã traz *dürres Zepter* ("cetro seco") para traduzir *barren sceptre*. O adjetivo inglês *barren* significa infértil, estéril – mas também seco, árido] [N. T.].

poéticas, e inclusive, apesar do pedido expresso de Chettles, não ter escrito sequer uma linha em elogio a ela (Brandes, p. 350). Também a partir dessa perspectiva, ele tinha razões pessoais especiais para saudar em James uma nova época.

É precisamente essa forte emergência dos elementos subjetivos e atuais, como é o caso no *Macbeth* de Shakespeare (e no drama de Kleist), que parece ser uma das condições que possibilitam a configuração de um material histórico num drama, em vez de numa epopeia. Assim como no *Hermannschlacht*, em *Macbeth* o futuro é rocado com o passado, só que aqui aquilo que é esperado é lançado não nos tempos primevos [*Urzeit*], mas sim num tempo intermédio [*Mittelzeit*].

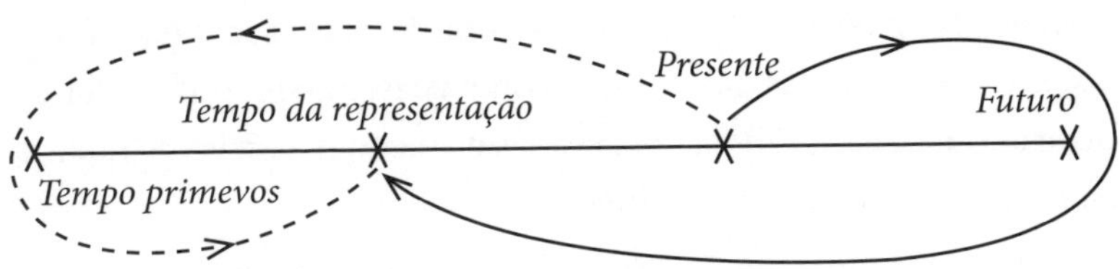


**Figura 6** Macbeth.

Como mostra o esquema, aqui o passado é nitidamente dividido no tempo primevo [*Urzeit*] e no "co-passado" [*"Mitvergangenheit"*], de forma similar ao que ocorre na formação de memórias, só que aqui o material (mítico) dos tempos primevos é elaborado no tempo da representação, que corresponde a uma projeção do futuro, por assim dizer, e assim se suscita a aparência de quatro tempos, pois dois passados são criados por meio desse roque que ocorreu por motivos especiais.

No geral, não nos deve surpreender que os motivos da poesia individual tenham se revelado como mais variados do que os motivos da formação banal de fantasias de todos os homens. Na personalidade individual do poeta, conservada pela tradição, agem tendências subjetivas e o próprio passado – infantil – enquanto fatores reforçadores, que bastante amiúde recobrem os motivos gerais, enquanto a *épica*, com seu tempo primevo geral, oriundo da infância mítica do povo inteiro, teria de mostrar um mecanismo essencialmente mais simples de acordo com a nossa expectativa.

A lei geral do caráter tri-temporal da formação da fantasia será encontrado, de acordo com nossa expectativa, também na épica e poderá ser usada para sua compreensão de modo similar ao que foi feito com as poesias discutidas, que se relacionam com a "épica popular" mais ou menos como o artificial se relaciona com o espontâneo. Pois a lei aparentemente imanente à formação da fantasia – quer ela se encontre na poesia engajada num uso consciente, quer se desenvolva na épica popular numa eficácia inconsciente – está acima de todas as discordâncias externas, e assim podem ter-se fabricado na formação da épica todas as incongruências às quais a crítica com razão levantou objeções.

Assim, as contradições inegáveis e os desvios temporais contidos na épica mesma não devem ser *a priori* ingredientes posteriores de interpoladores desajuizados, a serem compreendidos ou eliminados com considerações lógicas, estéticas ou psicologizantes, mas clamam, antes, por uma *explicação genética*, como já a sugerira Friedrich Schlegel na concepção de que o próprio poeta épico "funde passado, presente e futuro uns com os outros", o que, aliás, é expressado também na linguagem, que justapõe antigas e novas expressões e mescla diferentes dialetos irrefletidamente. Como elucida Schlegel, a épica não apresenta [*stellt... dar*] a ação como algo presente, ela não reivindica a aparência de realidade. Aqui, passado, futuro e presente seriam totalmente iguais. A narração do escritor épico iria de um a outro sem nada que a compelisse a isso: visões do futuro, representações [*Darstellungen*] do submundo seriam benquistas, assim como os avanços e os recuos do escritor épico. O mesmo princípio se manifestaria também no fator formal, visto que a narração começa no meio e acrescenta depois o que é antecedente, ao passo que é muito frequente que ela acabe no meio (*Gedanken über das Epos* [*Pensamentos sobre a épica*]). Assim, o presente, o passado e o primevo [*Urzeitliches*] jazem um ao lado do outro na épica, projetados num único plano, por assim dizer, e o *insight* faltante a respeito dessas peculiaridades técnicas há muito reconhecidas no domínio da arte instruída gerou a série de graves mal-entendidos, concepções enviesadas e teorias infundadas que se esforçaram em vão para eliminar as flagrantes contradições e desvios no conteúdo da épica por meio de supressões (atéteses) e comentários perspicazes, como os antigos, ou se esforçaram, mais recentemente, para contornar as dificuldades por meio de uma concepção histórica ou para presumir uma formação épica em camadas, que pressupõe o conceito místico de um poema criado gradualmente pelo povo ou uma colagem conjunta puramente mecânica de um material variegado. Ambas as concepções revelaram-se como insustentáveis, mas ainda não surgiu nada mais útil para substituí-las.

## *Referências*

Brahm, O. (1911). *Das Leben Heinrich von Kleists*. Neue Ausgabe.

Brandes, G. (1896). *William Shakespeare*. Gyldendalske Boghandels Forlag (F. Hegel & Søn).

Freud, S. (1899). *Die Traumdeutung*. F. Deuticke.

Freud, S. (1901). *Zur Psychopathologie des Alltagsleben*. Abgedruckt in: Sigmund Freud Papers: Oversize – Writings.

Freud, S. (1908). *Der Dichter und das Phantasieren*. Neue Revue I, 10. Abgedruckt in: Sammlung kleiner Schriften zur Neurosenlehre. Z. Folge, März.

Freud, S. (1909). *Bemerkungen über einen Fall von Zwangsneurose*. Abgedruckt in: Sammlung kleiner Schriften zur Neurosenlehre, S. 393, Anmerkung. Jahrbuch für psychoanalytische Forschungen I.

Kroeger, E. (1904). *Die Sage von Macbeth*.

Macaulay, L. T. B. (1884). *Lays of Ancient Rome with Jovy and the Armada*. Illustrated.

Macaulay, L. T. B. (1898). *Altrömische Heldenlieder*. Deutsch von Harry v. Pilgrim. P. Reclam.

Meyer-Benfey, H. (1911). *Das Drama Heinrich von Kleists*. Band 2. Berlin.

Ortner, H. (1894). *Bemerkungen zu Kleists Hermannschlacht*. Programm des Neuen Gymnasiums zu Regensburg.

Rank, O. (1907). *Der Künstler*. Ansätze zu einer Sexualpsychologie.

Rank, O. (1912). *Das Inzest-Motiv in Dichtung und Sage*. Grundzüge einer Psychologie des dichterischen Schaffens.

Shakespeare, W. (1887). *Macbeth*. Edition classique par James Darmesteter. Déuxieme édition.

Simrock, K. J. (1870). *Die Quellen des Shakespeare*. 2. Band II, S. Aufl.

Simrock, K. J. (1874) *Handbuch der deutschen Mythologie*. 4. Aufl.

von Kleist, H. (1863). Herausgegeben von Ludwig Tieck. 2. Mit Einleitung von Julian Schmidt. Abgedruckt in: Kleist, Heinrich von. *Herausgegeben von Stefan Wukadinowic*. Neuere Dichter. Band 37. Ausgabe.

von Kleist, H. (1893). Die Hermannschlacht. Für den Schulgebrauch herausgegeben von Khull. Abgedruckt in: von Kleist, H. *Sämtliche Werke in 4 Bänden*. Herausgegeben von Prof. Karl Siegen. Freytag.

Wagner, R. (1871-1880). *Eine Mitteilung an meine Freunde*. Gesammelte Schriften und Dichtungen.

# Posfácio
# Os textos possíveis e os textos impossíveis

*Pedro Fernandez de Souza*

Os quatro textos anteriores são uma demonstração da forma com que Rank, munido de conceitos freudianos, aborda o problema da *arte* (ou, mais especificamente, da *literatura*). Trata-se de uma abordagem a um só tempo psicológica e estrutural (se nos é permitido empregar essa palavra famígera), o que torna impossível situar Rank seja no pântano do psicologismo, seja no deserto do estruturalismo ou do formalismo. Com efeito, para Rank, o tecido da obra literária é um objeto por si só, que pode ser analisado segundo sua organização textual própria (segundo os *Motive* que nela comparecem, como veremos); apesar disso, nesse mesmo tecido intervêm fatores extraliterários, que são eminentemente *psicológicos* e reclamam, para o nosso autor, uma intervenção analítica correspondente e à altura, de cunho psicanalítico.

O principal conceito psicanalítico mobilizado por Rank nessas suas análises é o de *fantasia*. Analisar uma obra poética é, para Rank, analisar a "formação poética da fantasia", isto é, o modo com que a fantasia molda e fabrica objetos artísticos, a partir de sua própria estrutura psicológica e temporal. Donde a importância de estudar "a essência da atividade *humana universal* da fantasia, sobretudo em sua importância anímica", conforme lemos na segunda seção do ensaio sobre a épica popular. Essa "essência" é esmiuçada por Rank nesse mesmo ensaio, sobretudo no que concerne à temporalidade própria da fantasia.

Mas, antes de discorrermos sobre o *tempo* na fantasia, trataremos de dois tópicos igualmente pertinentes, centrais nos outros dois textos de Rank: o da *ação* (no texto sobre Hamlet) e o dos *temas* ou *motivos* (no texto sobre a fábula de Griselda).

## *A ação*

Em sua análise da "peça dentro da peça" de *Hamlet*, Rank retoma a interpretação freudiana da obra de Shakespeare, presente na grande obra de Freud, *A interpretação dos sonhos*. Para o pai da psicanálise, Hamlet é o protótipo moderno do homem neurótico, justamente por *não saber* exatamente o que deseja e, mais que isso, não conseguir colocar em *ato* mesmo aquilo que deseja conscientemente. Em *Édipo rei*, de Sófocles, a fantasia edípica infantil é realizada sobre o palco teatral; "em *Hamlet*, ela permanece reprimida, e nós ficamos sabendo da sua existência – similarmente ao estado de coisas numa neurose – apenas através dos efeitos de inibição oriundos dela" (Freud, 1900, p. 271). O problema de Hamlet, pensando-se assim, é duplo: ele deseja vingar-se de seu tio pelo assassinato de seu pai, mas ele mesmo, Hamlet, desejava inconscientemente a morte de seu pai; seu tio, portanto, realizou os desejos edípicos que Hamlet sequer sabe que abriga dentro de si. Para Rank, trata-se da "posição edípica" de Hamlet, "que o impede de matar o homem que, satisfazendo os seus próprios desejos inconscientes, elimina o seu pai e toma o seu lugar junto à mãe" ("A 'peça de teatro' em 'Hamlet'", neste volume). É então que o tema da *ação* passa para primeiro plano: "A peça inteira consiste, para dizer propriamente, em nada além de adiamentos artisticamente [*kunstvoll*] realizados dessa ação [*Handlung*] exigida pelo herói, que somente ousa emergir no fim, na grande morte universal, por assim dizer" (idem).

Para a teoria freudiana, tal incapacidade de agir é uma característica da neurose e da condição civilizada da espécie humana que é crucial para a compreensão da arte literária. Em 1927, anos depois da publicação desses textos de Rank, Freud assere em seu texto sobre Dostoiévski: "não é nenhuma coincidência que três obras-primas da literatura de todos os tempos tratem do mesmo tema [*Thema*], o assassinato do pai: o *Édipo rei*, de Sófocles, *Hamlet*, de Shakespeare, e *Os irmãos Karamazov*, de Dostoiévski. Nos três é sempre exposto o tema do ato [*das Motiv der Tat*], a rivalidade sexual pela mulher" (Freud, 1927, p. 412). O tema da ação (*Handlung*) é, na verdade, por conseguinte, o tema da *inação*: Hamlet não consegue *agir*, não consegue realizar a ação que realmente lhe interessa, e é essa inação (eminentemente neurótica) o que confere sentido ao enredo (*Handlung*) da peça.

No texto rankiano, pululam palavras do campo semântico da "ação". O verbo *tun* ("fazer") e seu substantivo derivado *Tat* ("ato"); os latinismos *Akt, Aktion* e *Aktivität* ("ato", "ação" e "atividade"); o verbo *handeln* ("agir") e seu substantivo derivado, *Handlung*, além de outros verbos e advérbios. Essa última palavra, aliás, é aproveitada por Rank em sua polissemia, pois pode significar tanto uma "ação" qualquer quanto o "enredo" de uma narrativa ou de uma peça teatral. A leitura psicanalítica de *Hamlet* dá a entender que o "enredo" (*Handlung*) da peça, com todos os *atos* e *ações* de seus personagens, é apenas uma versão adúltera e deformada de uma outra "ação" (*Handlung*). Esta ação, porém, *não ocorre no palco mesmo da peça*. A "verdadeira" história de Hamlet (sua fantasia edípica) ocorre *fora do palco*, e tem de ser *reconstruída* pelo intérprete da peça.

Donde a importância da "peça dentro da peça", que possibilita a Shakespeare (e a Rank) um poderoso jogo de espelhos dramatúrgicos e psicológicos. Para Rank, essa peça metalinguística "merece ser chamada . . . de clímax e ponto de virada do desenvolvimento dramático e anímico" (idem). Aqui, mais uma vez, a análise de Rank combina a abordagem psicológica com a abordagem formal propriamente dita: sem a compreensão dos processos psicológicos envolvidos na trama teatral em questão, seu sentido estético não poderia ser inteligido. Afinal, o sentido da *atuação* dramatúrgica só adquire sentido, na interpretação rankiana, a partir dos pressupostos psicológicos que a condicionam. O próprio Hamlet apenas *atuava* o papel de um louco, em vez de efetivamente *agir* (idem). Não podendo executar seus próprios desejos, Hamlet se torna ator. Ora, com a chegada da trupe teatral, ele decide utilizar-se da potência estética do teatro (e da *atuação*) para provocar, em seu tio, afetos reveladores, comprobatórios de sua culpa homicida (a "traição de Íbico"). É assim que Hamlet, personagem-ator, se torna também o *roteirista* de uma peça teatral cujo enredo (*Handlung*) trata evidentemente da própria ação (*Handlung*) que seu tio executou, e que ele desejava ter executado. Ao ver sobre o palco o ato regicida, o atual rei (o tio de Hamlet) "confessa" involuntariamente a própria culpa – Hamlet estava certo quanto à potência do teatro, mas ele mesmo, imerso numa rede neurótica de inatividade, não consegue levar a cabo a ação que tanto planejou. O que ele faz é matar Polônio, um *substituto* de seu tio (que já é um substituto de seu pai): "Essa é, na sua atividade [*Aktivität*], a maior aproximação ao seu ato [*Tat*] – no assassinato efetivo de um homem, que aparece como um substituto pronunciado do pai e como um sucedâneo do rei –, na qual o efeito da inibição se faz notável pelo fato de ele o matar sem ser visto e de não querer ter clareza sobre a pessoa" (idem). Hamlet mata Polônio *por aquilo que ele não é*, ou seja, Polônio é um "personagem" dentro da peça teatral encenada e projetada pelo próprio Hamlet. Mas essa mesma peça (aquela que os espectadores "reais" estão "realmente" vendo!) é desde já uma *versão* de uma peça jamais encenada, mas somente sonhada por Hamlet. Não existe apenas uma "peça dentro da peça" em *Hamlet*, já que a própria peça só revela o seu sentido, segundo a interpretação de Rank, ao ser remetida a uma outra peça (um outro palco, dir-se-ia...).

## *O tema (ou motivo)*

Vimos que, para Freud, três obras-primas da literatura são construídas a partir do *Motiv der Tat*, expressão que pode ser traduzida por "motivo" ou "tema do ato". O termo *Motiv* tem grande importância nas análises formais de obras de arte. Em música, por exemplo, um *Motiv* é uma unidade estrutural mínima (melódica e/ou rítmica) que caracteriza uma peça e é repetida numerosas vezes ao longo dela. Todos conhecem o chamado *Schicksalsmotiv* ("tema do destino") da *Quinta Sinfonia em dó menor* de Beethoven, em parte por ser tão mnemonicamente marcante, em parte por ser tantas vezes repetido e modificado ao longo da peça. Esse mesmo *Motiv*, no entanto, foi usado por outros compositores, como por exemplo Brahms em sua *Primeira Sinfonia em dó menor*, recheada de homenagens a Beethoven e a outros mestres (cf. Brobeck, 2017).

Em literatura, o conceito é similar: o *Motiv* é uma unidade narrativa, repetida e modificada em inúmeras obras. Na análise de Rank da fábula de Griselda, nota-se a sua atenção aos *Motive* que estão incrustados na narrativa: a criação dos filhos por pessoas estranhas; a paixão da filha por um fidalgo de uma outra família; a provação de determinado personagem por tarefas árduas e por vezes absurdas, e assim por diante. Esse procedimento analítico permite-nos aproximar Rank das análises literárias "formalistas" de Propp (1928/1970), por exemplo, que apreendia de uma miríade de versões de fábulas os seus componentes (*Motive*) narrativos mínimos, transformados e reiterados. Mas, como já adiantamos, a leitura de Rank jamais procede inteiramente por meio de análises estruturais ou formais. Ocorre que, à diferença da música, numa peça literária o *Motiv* envolve uma *narrativa* e, caso haja nela a pretensão de um certo "realismo psicológico", um outro tipo de *Motiv* entra em jogo: a *motivação psicológica* dos personagens. Com efeito, o termo alemão *Motiv* é polissêmico, e pode significar tanto o "tema" de uma peça quanto um "motivo" para uma ação, por exemplo. O texto de Rank é uma exploração contínua da polissemia do termo, que joga com os limites entre o que é *estrutural* e *formal* e o que é *psicológico* e *extraliterário.*[1]

Afinal, para Rank a estrutura de uma obra literária não está integralmente subordinada à lógica dos filósofos, e isso por dois motivos. Primeiramente, porque quer causar certos efeitos estéticos, objetivo que se sobrepõe, quando possível, ao rigor silogístico. Para a análise de Rank, contudo, o fator mais importante não é esse, mas sim o fato de que a obra literária inevitavelmente tem *lacunas* ou *incongruências* (internas ou quando comparada a outras versões da mesma história) em sua tessitura narrativa, sobretudo no que concerne à motivação psicológica dos personagens. Aferrando-se a certos *detalhes* das narrativas analisadas, Rank intelige a história "original", a que todas as versões da fábula se referem: o desejo edípico e proibido que tem o pai pela sua filha mais nova: "Não se pode pedir à história, que pelo menos respeita os nossos sentimentos morais mais primitivos, que ela expresse o desejo demasiado humano do pai de trocar sua mulher antiga, que se lhe tornou sem

1 O leitor certamente se lembrará do texto de Freud (1913) intitulado *O tema [Motiv] da escolha dos cofrinhos* (Bd. X, *Gesammelte Werke*, pp. 23-37), em que há uma análise a um só tempo formal e psicológica similar (também Freud usa o termo *Motiv* com seu sentido de "motivo, motivação" para analisar o *Motiv*, o "tema" da escolha dos três cofres). Mas o texto de Freud foi publicado *um ano após* ao texto de Rank sobre a fábula de Griselda – e nele Freud cita Rank diversas vezes.

graça, pela sua bela filha na flor da idade, de modo mais nítido do que ocorre no casamento fingido da lenda de Griselda". É assim que a análise de Rank nos conduz à seguinte condição fundamental da fábula: os *Motive* nela incrustados são apenas *versões* de fantasias *reprimidas*, o que faz com que a *motivação psicológica* dos personagens se torne falha ou lacunar, por assim dizer. Essas incongruências numa obra literária não são verdadeiras falhas ou defeitos, mas são, antes, resultados de uma necessidade lógica: o ponto de ruptura entre a *psicologia* do autor e a *estrutura formal* da obra que ele está compondo. "De fato, precisamente o único poeta que tentou uma motivação psicológica a partir de motivos puramente internos faz que seu herói mesmo . . . confesse que os verdadeiros motivos dos seus atos lhe são desconhecidos" ("O sentido da fábula de Griselda", neste volume).

É então tarefa do intérprete captar a *real motivação* dos personagens, inconsciente não apenas a eles mesmos, mas *aos escritores que os moldaram em sua fantasia*:

> *Estando nós, ademais, preparados pela psicanálise para o fato de que a inibição de tais impulsos de desejo, necessária para a vida real na civilização, leva amiúde à produção de formações substitutivas da fantasia (sintoma, sonho, obra de arte, mito, religião) nas quais o desejo, proibido pelo ambiente e que se tornou chocante para a própria consciência, procura conseguir satisfação num disfarce mais ou menos deformado, nós podemos então, na descoberta dessa motivação* [Motivierung] *necessariamente escondida e tão abertamente disponível, avistar não apenas o sentido há muito procurado da lenda, mas também ao mesmo tempo a tendência da sua formação, isto é, a força motriz psíquica determinante para sua configuração. (idem)*

Rank perscruta textos reais, efetivamente escritos, é bem verdade, mas nas suas análises há um efeito contínuo de *descentramento*: os textos abordados não passam de algumas das *possíveis* versões de outros textos, textos mais originais e mais fulcrais, cujo acesso à luz é, no entanto, interditado. São os textos *impossíveis* que Rank capta em suas leituras, textos jamais lidos, textos jamais escritos. É o psicanalista quem primeiro pode lê-los e escrevê-los.

## *O tempo*

Para Rank, porém, a análise "estrutural" de obras literárias não se limita ao estudo dos seus *Motive*. Uma outra dimensão formal é central em suas análises: a comparação das obras literárias com as fantasias cotidianas dos homens. Essa comparação não estabelece apenas os "motivos de desejo" operantes por trás da arte, mas fornece uma *estrutura temporal* comum a ambos os domínios. Na verdade, a temporalidade própria do fantasiar é tomada como uma espécie de modelo a partir do qual as narrativas literárias são compostas.

Os casos prototípicos são o do *devaneio* e o da *memória infantil*. Em ambos os casos, tem-se uma insatisfação (com o presente ou com o passado), a qual é "superada", a partir das diretrizes do desejo insatisfeito, *num outro tempo*. No devaneio, esse tempo é o futuro (ou o presente a coincidir com ele); na memória infantil, é o próprio passado adulterado do indivíduo. No entanto, na formação do devaneio, toma-se o passado (nostálgico) como modelo do futuro, ao passo que, na formação da memória infantil, toma-se o futuro (idealizado) como modelo do passado. "No devaneio, o homem faz do seu passado o futuro, na formação de memórias ele faz do seu futuro o passado. No devanear, o motivo é a insatisfação com o presente – tendo-se um passado mais satisfatório; na formação de memórias, a insatisfação com o passado – tendo-se um presente mais satisfatório" ("A épica popular", neste volume).

Isso significa que a formação (poética ou não) da fantasia pode deslocar-se por entre os três modos temporais da nossa representação (o passado, o presente, o futuro), ela é na verdade um interjogo entre os três tempos. É então que Rank forja seu conceito de *Darstellungszeit*, o "tempo de representação": trata-se muito precisamente do tempo em que se apresentam ou se passam os eventos *na própria fantasia (ou memória)*. Como se pode notar, o *Darstellungszeit* está sempre *deslocado*, *descentrado* com relação ao tempo que lhe fornece o peso e a medida (o passado ou o futuro, a depender do caso); além disso, contudo, Rank nota que na formação da fantasia há sempre uma espécie de intercâmbio entre o passado e o futuro, que ele compara ao roque do xadrez: "No fundo, todavia, essas formações da fantasia sobre a infância correspondem na verdade aos desejos do indivíduo para o futuro, que são lançados, porém, no novo passado mediante um esquisito *roque*" (idem). Como o rei e a torre trocam de lugar numa partida de xadrez, o passado e o futuro sofrem uma permuta na formação da fantasia: um assume a posição do outro, sempre tendo como coordenadas as diretrizes do desejo e as insatisfações com o presente ou o passado.

A leitura feita por Rank dos três exemplos em seu texto de 1919 (das obras de Macaulay, Kleist e Shakespeare, novamente) é um estudo das *variabilidades* e *complexificações* desse esquema básico, quando transposto para a obra literária. O esquema é variável de acordo com os intuitos poéticos e pessoais do poeta, de acordo com as bases "históricas" utilizadas por ele; e ele pode ser complexificado consideravelmente, pois a poesia pode forjar tempos intermediários, "co-passados", e operar com certa liberdade os roques temporais da fantasia. No entanto, trata-se para Rank de uma "lei geral", a lei do "caráter tri-temporal da formação da fantasia" (idem), que também se poderia encontrar na formação da épica (e infelizmente não sabemos que análise Rank pretendia fazer das epopeias nacionais...). Temos aqui, uma vez mais, um fator *extraliterário* e *psicológico*, que fornece um modelo *estrutural* para a obra literária. É a "formação poética da fantasia", por meio da qual o fantasiar individual e ocultado dos demais seres humanos ganha uma nova forma e passa a ser apreciável também por eles. Mas, como no caso da fantasia individual, a história que o homem forja sobre si mesmo está *desde o início* deslocada no tempo: ela se passa no palco do futuro, por exemplo, mas na verdade não passa da repetição de um passado idealizado, jamais existente enquanto tal; ela se passa no palco do passado, mas de um passado remodelado segundo os moldes de um futuro jamais vivido. Em Rank, as histórias que os homens contam não encontram seu centro gravitacional em si mesmas; nelas, sempre interferem tempos e histórias *ausentes*, que não podem ser contados enquanto tais, e que, por isso mesmo, conferem sentido e importância às histórias efetivamente contadas.

* * *

Todas as análises de Rank desembocam em textos que jamais foram escritos. Seu raciocínio é formalmente idêntico ao que Freud desenvolve em alguns de seus textos a respeito de sintomas, sonhos ou fantasias: através da análise, é preciso *reconstruir* cenas ou fantasias inconscientes, as quais possam conferir sinteticamente *sentido* aos fenômenos que formam o nosso objeto de estudo. Aqui fica claro quão central é o conceito de *repressão*, conceito psicológico por excelência, mas que se revela incontornável, para Rank, na análise da obra literária. Por meio da repressão, um conjunto de representações é desalojada ao inconsciente, onde fica inacessível ao pensamento consciente e, além disso, impassível de novas associações e de possíveis elaborações cognitivo-afetivas. Ora, é precisamente esse processo *psicológico* que fornece, para Rank, a condição de possibilidade da *proliferação* de *versões díspares* de uma mesma história. Já que a primeira versão está interditada, serão criadas múltiplas variantes dela. Aprazia a Rank os neologismos germânicos com o prefixo *Ur-*, que designa antiguidade, anterioridade ou primitividade. A *Urzsene* é a "cena primária"; a *Urphantasie*, a "fantasia originária"; o *Urtrauma*, o "trauma primordial"; e assim por diante. Tendo isso em vista, é possível formular aqui o neologismo *Urtext*, que seria o "texto originário", a versão originária da história que estamos lendo ou presenciando neste momento. Esse *Urtext*, porém, jamais foi escrito, e é tão somente o resultado de uma *reconstrução analítica*. Ele é necessário para conferir sentido às *arestas* e *lacunas* do texto, mas ele não existe enquanto objeto positivo. É como se um botão brotasse inúmeros frutos justamente por ter sido morto prematuramente. A conclusão que se pode tirar disso não é menos impactante: é precisamente por não poderem contar certas histórias que os seres humanos precisam fabricar arte.

## Referências

Brobeck, D. (2017). *Brahms: Sinfonia n. 1*. Edusp.

Freud, S. (1927). *Dostojewski und die Vatertotung* (Bd. XIV, *Gesammelte Werke*. Fischer Verlag).

Freud, S. (1900). *Die Traumdeutung* (Bd. II-III, *Gesammelte Werke*. Fischer Verlag).

Propp, V. (1928/1970). Las transformaciones de los cuentos fantásticos. In *Teoría de la literatura de los formalistas rusos* (pp. 177-198). Siglo Veintiuno Editores.

**GRÁFICA PAYM**
Tel. [11] 4392-3344
paym@graficapaym.com.br